地緣文化的命運與挑戰

韓國的智慧

邵毅平　著

寫在前面
韓流來了

1・韓流來了！

「韓流來了！」是指韓國文化在亞洲和世界範圍內流行的現象。韓流一般以韓國電影、電視劇為代表，與韓國音樂、圖書、電子遊戲、服飾、飲食、體育、旅遊觀光、化妝美容、韓語等形成一個相互影響、相互帶動的循環體系，因而具有極為強大的流行力量。

「韓流」一詞最初為中文媒體所提出，後來被韓國媒體廣泛用於指代本國文化產業的輸出。「Hallyu」已經在英語中被用指定「韓代」。韓流在世界範圍的流行使韓國軟實力世界排名和國家形象得到相當層次的提高。

韓流的主要中心是以韓國電視劇為中心展開，通過電視劇中展示出的服裝、家居、時常消費等，刺激著觀眾對於韓國商品或文化的嚮往，包括手機、服飾、化妝品、遊戲、漫畫、飲食、甚至美容技術等。

進入 21 世紀後，韓劇和韓國流行音樂開始在亞洲其它國家和地區逐漸流行。2000 年，寶兒簽約 SM 娛樂。兩年後寶兒的《Listen to Me Heart》榮登日本 Oricon 排行榜首位，成為日本史上首位擁有百萬專輯的韓籍藝人。

　　2002 年，韓劇持續在亞洲升溫。《藍色生死戀》在中國內地有 21 個電視頻道同時播出。而中國大陸在 2002 年共播放了 316 次韓劇，這一紀錄遠遠領先於第二名 61 次的日劇。在日本，韓劇《冬季戀歌》上映取得巨大成功，相關產品銷售額超過 350 萬美元。時任日本首相小泉純一郎曾評價說《冬季戀歌》男主角在日本的受歡迎度要比他高。之後的韓劇比如《浪漫滿屋》和《大長今》也都取得了同樣的成功。

　　韓國流行樂在亞洲的走紅，誘使一些韓國歌手像寶兒、崔東昱嘗試發行英文歌曲進入西方國家流行音樂市場。但這些嘗試最初都不成功。韓國流行樂在美國只是局限在洛杉磯和紐約韓裔人口較多的城市而已。

　　不過在北美之外，韓流旋風卻很猛。韓劇《朱蒙》在穆林斯世界國家很受歡迎，在伊朗取得超過 80% 的收視率。

　　在東歐，韓流的掀起是從韓劇開始的。羅馬尼亞電視台播放的韓劇每集都可以吸引 50 多萬的觀察觀看。

　　2012 年 11 月，英國外交大臣施維爾在英國上議院會見韓國代表團時說 K-pop 已經在世界流行。2014 年，法國外交部官網文章報導說韓國流行文化的成功使韓流已經全球化。德國外交部於同年發布的文章亦評論說韓流（包括韓劇，K-pop 等）目前已經走出亞洲開始在世界範圍內流行。

2013 年 5 月，美國總統歐巴馬在白宮會見韓國總統朴槿惠時說韓國文化（韓流）正在影響全球的人，並說他的女兒教了他很多的《江南 Style》。2013 年 8 月，美國國務卿約翰·凱瑞在為韓國光復節電視致辭講話時說韓國文化已經通過韓流到達世界的每個角落。

2013 年 2 月 6 日，美國白宮負責管理第一夫人米歇爾·歐巴馬 Twitter 帳戶的官員透露白宮正在從南草坪搬運用來做韓式泡菜的大白菜。《時尚先生》的一位主編曾對此評論說這與白宮以往的活動真是大不相同。在此之前不多久，韓國料理在英國超市樂購的銷量翻了一翻多。德國國家公共廣播電台有報導說「韓流正在征服世界」。法國最大的電視台法國電視一台報導說韓流正在在整個年輕人群體流行。

隨著緬甸民主活動家諾貝爾和平獎獲得者翁山蘇姬 2013 年首次訪問韓國，韓流在亞洲達到了新高度，包括《星夢奇緣》男主角安在旭在內的韓國一線演員與翁山蘇姬共進晚餐。據法新社報導，《星夢奇緣》在緬甸的播放非常成功。安在旭由於長相貌似翁山蘇姬的父親翁山而被特別邀請和翁山蘇姬共進晚餐。

2013 年，英國廣播公司報導說耶路撒冷希伯來大學的研究學者認為韓流在以色流的流行使得以色列和巴勒斯坦領土的年輕人有了共同的愛好，為地區和平帶了希望。

2014 年韓劇《來自星星的你》通過網際網路媒體熱播，在亞洲再次掀起韓流熱潮。《星星》在中國的點擊率突破 20 億，創下中國視頻網站電視劇部門點擊率最高記錄。劇中女主角千頌伊愛吃的韓式炸雞加啤酒，穿的服裝，使用的紅唇膏在

亞洲地區也受到粉絲的追捧。

2・新漢江奇蹟

　　韓國是 20 國集團成員之一的世界主要經濟體，是擁有完善市場經濟制度的經合組織已開發國家。其國內生產總值按國際匯率計算在世界排名第 15，按相對購買力指標計算世界排名第 12。韓國是亞洲四小龍之一，也是未來 11 國中唯一一個已開發國家。

　　韓國是個外向型經濟，國際貿易在韓國 GDP 占有很大的比重，是世界第 7 大出口國和第 7 大進口國。《韓歐自由貿易協定》與《韓美自由貿易協定》（ KORUS FTA ）的正式生效，使韓國成為全球第一個與歐盟和美國兩大經濟體都簽署自貿協定的國家。2014 年 9 月 23 日，韓國與加拿大簽署了《韓加自由貿易協定》，成為亞洲第一個與加拿大簽署自貿協議的國家。2015 年，韓國與中國簽署了《中韓自貿協定》。

　　韓國經濟騰飛被稱為「漢江奇蹟」。1962 年，韓國人均GNP 只有 100 美元，到 2007 年達到 15,000 美元成為已開發國家，增長高達 150 倍。韓國在經濟發展上所取得的成就在當初韓戰結束時是不可想像的。韓國的基礎建設在韓戰中已被摧毀，百萬計的韓國人當時在貧困和失業之中掙扎。1963 年，朴正熙掌權後將發展經濟列為頭等大事，按照韓國國情開展了新鄉村運動和韓國五年計劃。朴正熙在當時提出的「對待工人要像對待家人一樣，使工廠的工作要像做自己的事一樣」的口號，成為當時韓國人的精神力量，使得韓國工人以當時美國工

人十分之一的成本創造出美國工人 2.5 倍生產率。

在韓國經濟振興的過程中，韓國政府大力扶植和利用財閥。財閥成為了韓國政府經濟振興藍圖的實際執行者。20 世紀 60 年代韓國財閥主要發展紡織業；70 年代中期到 80 年代則是發展重工業、軍工和化學工業；90 年代初財閥在電子和高科技的發展更是為韓國經濟錦上添花。1986 年，財閥成功使得韓國國際貿易從赤字轉為盈餘。到 80 年代末，韓國財閥在資金上已經不需要韓國政府的支持。

1997 年亞洲金融風暴襲擊韓國。韓國外匯儲備銳減到 39 億美元。漢江奇蹟創造的財富大幅縮水。韓國財閥外向型發展模式的弊端也突現出來。許多數人將 1997 年當作是漢江奇蹟的結束。1998 年 2 月，金大中續金泳三執掌韓國政權後，積極應對金融危機，開展了企業、金融、公共事業和勞動保障四個領域的改革。在金大中的領導下，通過韓國國民的努力以及國際化幣基金組織的 580 億美元的援助，韓國在相對較短的時間內走出了金融風波的危機。韓國經濟在 1998 年縮水 7% 之後，在 1999 年迅速增長 9.5%。2001 年 8 月 15 日，韓國的外匯儲備已由危機時的 39 億美元恢復到 978 億美元，外匯儲備量世界第五。金大中的改革同時也使韓國經濟從低級產品出口型經濟轉變成信息高科技型經濟。金大中也因此被國際社會公認為克服金融危機的「優等生」。

2008 年，由美國次貸危機引發的全球金融危機襲擊韓國。韓國一度被認為可能步上冰島後塵，成為第二個破產的國家。但不到一年，局勢就翻轉，韓國竟成為 OECD30 個會員國中，復甦最快的國家；代表先進國家俱樂部的 OECD，第二季平均成長率正好是 0%，而韓國 2009 年首季經濟成長率

0.1%，第二季達到 2.6%，第三季更達 2.9%。2010 年，韓國國內生產總值增長 6.1%，時隔 3 年重新突破 1 萬億美元大關，人均 GDP 時隔 3 年後重新超過 2 萬美元，外匯儲備達 2915.7 億美元，外匯儲量世界第六。

3 · 產業的蛻變

鋼鐵工業是韓國主導型產業之一，在過去的半個世紀中，為韓國經濟的騰飛做出了巨大貢獻。韓國目前是世界第 5 大鋼鐵製造國，人均鋼鐵消費量居世界第一位。從 1980 年代後期到 1997 年亞洲金融危機，韓國的鋼鐵工業主要是生產棒型鋼、鋼筋、線材等低附加值產品。進入二十一世紀後，韓國鋼鐵企業致力於發展新技術，船用鋼板、汽車用鋼板等高附加值產品增長加快，低附加值產品開始出現負增長。韓國主要的鋼鐵生產商有浦項鋼鐵、現代鋼鐵、東國製鋼等，其中浦項鋼鐵是世界上最大的鋼鐵企業之一，也是全球最具競爭力的鋼鐵製造商。

韓國是世界造船強國，很長一段時間也是世界第一大造船國。全球船廠前十強中韓國占有七席，其中現代重工、三星重工、大宇造船海洋株式會社和 STX 造船海洋是世界前四大造船廠。韓國在建造高附加值船舶方面有顯著優勢。液化天然氣運輸船是現代重工業的長項；在海洋斟探船方面，三星重工業則獨占鰲頭，占有世界市場 60%的份額；大宇造船海洋株式會社是世界大型油船的主要生產商，世界約有 10%的大型油船由

大宇公司出產。2007 年 5 月，韓國獨自建造出第一艘宙斯盾驅逐艦「世宗大王級驅逐艦」，使韓國成為繼美國、日本、西班牙、挪威之後，世界上第五個擁有宙斯盾驅逐艦的國家。「世宗大王級驅逐艦」被認為是除美國宙斯盾驅逐艦之外性能最強大的驅逐艦。

汽車製造業是韓國另一個支柱產業。2012 年韓國國內汽車生產量為 456 萬輛，占全球生產量的 5.4%，是世界第 5 大汽車生產國。現代起亞汽車集團是韓國最大，世界第四大汽車生產商。韓國汽車是世界汽車製造業的後起之秀，現代汽車從 1975 年推出自己設計的第一款汽車到全球累計銷售 5000 萬輛的業績只用了 38 年，而豐田達到這一數字用了超過 50 年的時間。汽車配件產業在韓國也頗具規模，韓泰輪胎是世界第七大輪胎生產商，也是發展最快的輪胎生產商之一。

韓國是世界電子產品的佼佼者，內存、液晶顯示器及電漿顯示屏等平面顯示裝置和行動電話都在世界市場中具領導地位。世界知名的韓國電子產品製造商有三星、LG、SK 等，其中三星是全球最大的信息技術公司。有趣的是，三星電子（Samsung）公司如何從一家名不見經傳的消費電子小公司成長為全球品牌的故事一直為業界津津樂道。過去 10 年來，隨著三星公司從消費電子轉型為 PC、手機、平面電視，再到記憶體與半導體等包羅萬象產品領域的世界級供應商，該公司也隨之蛻變為媒體的寵兒，並廣受業界稱羨，在電子業中它已是個佼佼者！

4・網路事業

　　早在金大中政府時期，韓國就把發展以寬頻為代表的信息技術提升為國家戰略。從 1999 年開始，韓國定期提出發展寬頻的政策。目前韓國已是世界上網路通訊發達的國家之一，網速全球最快，寬頻普及率世界第一。美國《財富》2011 年報導說，2010 年韓國網速每秒流量為 14Mbps，是全球平均網速（1.9Mbps）的約 7 倍，而美國 50 個州中網速最快的德拉瓦州(7.1Mbps)也只有韓國的一半水平，證明韓國在網路硬體環境方面的領先地位。

　　韓國是 OECD 成員中首個無線寬頻普及率達到 100%的國家。2013 年 6 月，在距離 4G 網路商用還不足兩年時間，新一代 LTE-A 網路開始在韓國商用，使韓國行動網路進入 4.5G 的時代。2013 年 5 月 12 日，三星電子宣布已率先開發出基於 5G 核心技術的移動傳輸網路，使韓國 5G 技術上也占得先機。2013 年，韓國政府宣布實施「吉咖韓國」戰略。該戰略計劃到 2020 年使韓國無線寬頻傳輸速度達到每秒 1 吉咖位元組以上。

　　韓國政府一直致力於政府數位化的建設。續政府 1.0 版（單純提供信息）和 2.0 版（限制性的公開和參與）後，朴槿惠政府提出了實現政府 3.0 版本的目標。政府 3.0 版是通過移動技術和大數據為國民提供差異化一對多的行政服務，使社會民主化得到更深的提高。朴槿惠指出，政府 3.0 時代不僅僅意味著政府信息的公開，而意味著政府工作從過去以國家為中心的工作方式向以國民為本的工作理念的全面轉型。自 2010 年聯合國經濟社會事務部（UNDESA）公布全球各國電子政府排

名以來，韓國已經連續三次位列榜首。

網路遊戲業在韓國是個發展迅速的產業，1998-2008 年間，年均增長率在 20%以上，產業規模在十年間增加八倍。韓國網路遊戲的興起開始於 1996 年《風之國度》上市。《風之國度》超越了基於圖形網路遊戲的象徵性意義，從而改變了韓國遊戲市場的樣式。對遭遇非法複製的遊戲市場起到了很大的約束作用，成為遊戲市場新誕生的典範。《風之國度》的成功使網路遊戲迅速商業化。1998 年《天堂》上市後取得巨大商業成功，從而吸引更多的資金和投資者進入網路遊戲行業。韓國目前已是世界網路遊戲出口大國，2012 年韓國遊戲出口額達到 26.39 億美元，是 2012 年韓國文化產品出口總額（46.11 億美元）的 57%遠超音樂、電影、電視劇等。

5．反面效應

在一些有反韓情緒的國家和地區，韓流在反韓人群中也產生了反作用，特別是中國和日本，韓流盛行對中國和日本構成一定的影響。

2005 年 7 月 26 日，《漫畫嫌韓流》在日本發行，受到日本右翼組織的炸作，成為當時日本亞馬遜網站銷量第一的圖書。2011 年，日本演員高岡奏輔在自己的 Twitter 網站上公開批評日本富士電視台偏重播放韓劇，引發 2500 名日本人在富士電視台前遊行示威。同年，日本電視劇《我和明星的 99

天》挑選韓星金泰希為女主角，也引來對日本富士電視台的抗議活動，因為金泰希曾和弟弟在瑞士參加聲援獨島主權活動而被認為是「反日分子」。另外由於韓國並未完全開放日本的流行文化進入韓國文化市場，部分日本人認為韓流在日本的發展會使兩國之間的文化貿易中不對等性的加劇。

2012 年，半島電視台發布評論說韓國娛樂圈藝人拍戲工作壓力大，並披露娛樂圈內的潛規則和貪污腐敗現象。

根據東亞日報等媒體報導，部分中國人認為韓流是一種「文化侵略」現象，會阻礙中國流行文化的發展。並且由於韓中兩國文化較為類似，因此韓流可能對中國流行文化甚至中華文化產生影響。韓國文化觀察研究院經分析後認為韓流在中國的發展過程中，曾出現過題材內容同質性高，以及由於兩國歷史觀不同而在一些韓國影視作品中出現過度的民族主義表現或是與中國人普遍認識的歷史觀點不符的現象，這些現象對韓流在中國的發展產生了一些不利的影響。

2012 年，華語歌星周杰倫在出席某頒獎典禮時感嘆：「雖然《江南 Style》蠻好笑，但華語歌曲更厲害。不要被韓流追上，所有藝人要聯合起來，不要再《江南 Style》了。」為對抗韓流，周杰倫還改了造型。不過「藝術無國界」的聲音在中國還是要更強些。

在西方，由於韓流有韓國政府的背後支持，有些人將其和美國 CIA 對前蘇聯的文化冷戰相比較，也有人擔心維多利亞時代黃禍的到來，西方文化會被吞噬……

前言 FOREWORD

地緣文化的命運與挑戰 ——————邵毅平

我之所以對韓國和朝鮮半島的歷史和文化產生興趣，除了一般的、現實的、求知的原因之外，還是出於一種稍嫌學究氣的認識，那就是我認為，不了解同處於漢文化圈的東亞其他各國的歷史和文化，我們就不能真正了解中國文化本身。這是因為中國文化不僅是一種地區性文化，而且也是一種曾在東亞地區發生過廣泛而深刻影響的世界性文化。如果僅把我們的眼光局限在國內，那我們就只能了解到中國文化的一個部分（儘管應該說是一個主要部分），而並不能了解中國文化的全貌。同時我也認為，如果不了解同處於漢文化圈的東亞其他各國的歷史和文化，我們就不能真正把握目前東亞各國之間的現實關係，尤其是它們與中國之間的現象關係。

這是因為同處於漢文化圈的東亞各國曾經置身於以中國為老大的傳統東亞國際秩序之中；而自上個世紀中葉西洋文明光臨東亞起，這種傳統的東亞國際秩序已「禮崩樂壞」，讓位於以西洋價值觀念為基礎的新的國際秩序了。東亞國際秩序的這種歷史變遷，是影響和決定今日東亞漢文化圈各國關係，以及它們與中國關係的根源之一。

正是出於以上這樣的認識，所以儘管我的專攻與中國的歷史和文化關係較為密切，但是我卻一直對東亞漢文化圈其他各國的語言、歷史和文化抱有濃厚的興趣，並在學習了日本的語

言、歷史和文化之後，再轉過來學習韓國和朝鮮半島的語言、歷史和文化。

然而，儘管我來到韓國已近兩年，但是關於韓國和朝鮮半島的歷史和文化的學習，卻還只能說是剛剛起步而已。有那麼多未知的東西需要學習，又有那麼多已有的成見需要破除，這都不是一項輕鬆、容易的工作。

在這樣的情況下，我之所以貿然接受《世界的智慧》叢書主編及出版社的邀請，來撰寫這麼一本遠遠超出我的專攻範圍的小書，無非只是出於一種責任感而已。由於我關於東亞漢文化圈的上述看法，由於我見證了中韓關係的歷史性轉折，由於我在韓國的生活和學習經歷，由於我對韓國和朝鮮半島的歷史和文化已有所感觸，因此我感到自己確實負有某種責任，應該把即使是存不成熟的意見，也向中文的讀書界貢獻出來。

然而在本書的寫作過程當中，令我們感到困擾的問題也有不少。朝鮮半島直至上個世紀下半葉為止，還一直是一個處於中國陰影之下的「東方隱士」；但是從上個世紀下半葉開始，它就成了世界舞台上引人注目的角色，成為東西方各種勢力紛爭和角逐的焦點，並與整個世界局勢的變動息息相關。即使在現在的世界上，朝鮮半島也仍是極點之一，並與整個世界局勢的變動息息相關。即使在現在的世界上，朝鮮半島也仍是極點之一。因此任何有關韓國或朝鮮半島的論述，都難免會碰到許多敏感的現實政治問題。即使像本書這樣論述韓國和朝鮮半島之智慧的小書，本來無力也無意涉及任何敏感的現實政治問題，但是有時卻也確實難以完全避開和繞道而行。

就拿稱呼問題來說吧！由於朝鮮半島上並存著兩個國家，因此雙方各有一套自己的稱呼系統。比如朝鮮語和韓語，朝鮮

歷史和韓國歷史，朝鮮民族與韓民族，朝鮮半島和韓半島，朝鮮戰爭與韓國戰爭，朝鮮文化與韓國文化……等等。分裂的政治局面，帶來了分裂的稱呼系統。沒有一個統一的稱呼，可以稱呼同一個事物（只有英語等西洋語言能夠用 Korea 等做到這一點）。這種分裂的稱呼系統本來只是歷史和現實的原因造成的，並沒有什麼高下和優劣之分，南北兩地的人民可以各用各的。不過這只是理論上來說是如此，一牽涉到具體的場合和情景，便免不了會帶上很多的感情色彩，尤其是讓局外人感到無所適從，有時還會引起稱呼上的混亂。

本書在寫作過程中，便首先碰到這麼個問題，想躲也躲不過去。我們的基本想法是，既然本書是為中國讀者而寫的，那麼採用迄今為止一直在中國使用的說法，也許對中國讀者而言更合適一些。因此除了特指韓國的時候以外，在泛指的時候，還是仍然使用「朝鮮」的說法。這也是不得已的做法，是要請我的韓國朋友們原諒的。

此外，由於朝鮮半島歷史上一直與中國保持了最密切的關係，所以其歷史上的恩恩怨怨與中國相關的也就特別多。對於這些歷史上的恩恩怨怨，兩國學術界的看法不盡一致。這雖是極為自然的事情，但卻也使本書的寫作增加了困難。我們的基本想法是，不過多地去評判分歧的孰是孰非，而是注重揭示隱藏在分歧背後的歷史、文化與心理原因。完全的客觀公正是不可能做到的，但我們可以且應該努力理解彼此的立場。

本書雖然以「韓國的智慧」作為標題，但這只意味著由於我目前的生活在韓國，對韓國的現實情景較為熟悉一些，從而在涉及到現實內容的時候，較多地介紹韓國的情況而已；而並不是說，我將只限於論述韓國的情景。毋寧說，我是把整個朝

鮮半島的歷史和文化置於視野範圍之內的。雖然朝鮮半島目前分裂為兩個國家，但是我認為這只是其歷史上的短暫插曲而已。因此除了特指的場合以外，我始終把統一的朝鮮民族以及其歷史、文化作為考察和論述的對象。

所謂「地緣文化的命運與挑戰」，可以說是關於韓國及朝鮮半島的智慧。本書所選擇的一個主要視點，其內含我將在本書第一章「緒論」中加以闡明；這裡需要說明的僅是，「地緣文化」一詞乃是為了適應本書的內容，我們將「地緣政治」一詞加以改造而「生造」出來的。其意思和「地緣政治」差不多，亦指地緣環境的重要作用；但其涵蓋的範圍則已不僅限於「政治」，而是擴展及於整個「文化」。

本書從結構上來說，可以分成前後兩個部分。從第二章到第六章共五章，主要探討朝鮮半島挑戰自己的地緣政治命運的智慧；從第七章到第十一章共五章，主要探討朝鮮半島挑戰自己的地緣政治命運的智慧。第一章和第十二章等兩章，是總論全書的「緒論」和「結語」。全書各章雖然相對獨立，但也希望能貫穿一種統一的精神。

在本書的寫作過程中，我們不僅利用了許多朝鮮古籍，而且也參考了大陸和台灣、韓國及日本學者的研究論著。對於前者，我們註明於引文之後；對於後者，我們註明於腳註之中。其中的外文引文，由於我們自己選擇，讀者如要轉引，謹請核對原文，以免以訛傳訛。

本書雖然暫時算是寫完了，但是我們對於朝鮮半島的智慧之探索，其實卻也還只是剛剛開始而已。希望中韓兩國的朋友們有以教我，使我們的探索能夠更上一層樓。

目錄 CONTENTS

Chapter 1
緒論：命運、挑戰與智慧

朝鮮半島的地緣政治和文化命運

朝鮮半島位於亞洲東北部，向南延伸約一千公里，面積二十二萬多平方公里，略小於英國。半島北面是亞洲大陸，主要與中國接壤，國境線約長一千三百公里；另外三面是海洋，西面隔海與中國大陸相望，東南隔海與日本列島相望。

朝鮮半島的地理位置，一望而知具有戰略意義。就像世界上的其他半島一樣，朝鮮半島也連結著大陸和海洋，成為大陸和海洋之間的通道和橋樑。這樣，無論是當大陸的影響伸向海洋時，抑或是海洋的影響伸向大陸時，朝鮮半島都會首為其衝地受到影響。

尤其是對於朝鮮半島來說，與它相鄰的不是一般的國家，而是大陸強國中國和海洋強國日本，近現代則更加上了俄國（前蘇聯）。夾處於這些大陸和海洋強國之間，遂決定了朝鮮半島獨特的地緣政治和文化命運。

在東亞的歷史上，中國曾長期處於先進地位，其政治上和文化上的影響力曾源源不斷地輻射到周邊各國，使它們不同程度地受到影響；從而以中國本土為中心，形成了東亞漢文化圈，發展出光輝燦爛的東亞文明。朝鮮半島地處中國的東北面，在中國周邊各國中，離中國文化的中心黃河流域，地理位置是最為接近的；因此其與中國關係之特別密切，其處於漢文化的輻射影響之下，也自是不言而喻的事情了。

來自中國的並不僅限於先進的漢文化影響，還有歷史上內亂外患的餘波之衝擊，不僅漢唐那些強盛的漢族王朝處於擴張時期時，朝鮮半島曾受到其擴張政策之侵害，而且每當強悍的遊牧民族王朝從北方崛起時，朝鮮半島也經常同中國、中原一起蒙受其害。如果說東亞大陸是各民族角逐的中心戰場，那麼其餘波不傳遍大陸的盡頭是不會止息的。朝鮮半島由於其所處的與大陸接壤的地理位置，在歷史上便一次又一次經受了來自大陸的衝擊。

而且，當大陸上的某一個強盛王朝強盛得想要向海外擴張時，朝鮮半島又會變成一塊跳板，被用來作為海外征服的基地。比如蒙古征服高麗王朝以後，在朝鮮半島設置征東行省，兩次組織了對日本的進攻。即使當大陸上的王朝處於守勢的時候，也仍然把朝鮮半島視為一個緩衝區，用來抵擋來自海上進攻的威脅。

當然還不僅僅是內亂外患之際的衝擊，而且按照過去關於國際秩序的理念，所有處於中國周邊的國家和地區，都必須對中國持至少是名義上的朝貢之禮。朝鮮半島是中國的緊鄰，其歷史上的歷代王朝都不能免於這一命運。

朝鮮半島的另一個緊鄰是與它隔海相望的日本。據說，在

多少萬年以前，日本列島尚與東亞大陸相連；後來由於地殼變動，才從大陸上漂離開去。在過去相當長的歷史時期裡，朝鮮半島一邊接受大陸文化的影響，一邊又將這種影響經過變異後傳給日本。不過，在後來的歲月裡，日本漸漸強盛起來，反過來欲向大陸擴張其勢力。於是處於它和東亞大陸之間的朝鮮半島又首當其衝地成為它所要控制的對象，並成為它進軍東亞大陸的通道和跳板。1592 年的壬辰戰爭，1894 年的中日戰爭，1904～1905 年的日俄戰爭，便都是因此而爆發的；1910 年到1945 年的日本殖民統治，便都是因此而推行的。這樣，朝鮮半島所處的地理環境又使它不僅與東亞大陸，而且也與日本列島發生了密不可分的關係。

朝鮮半島就這樣夾在東亞大陸與日本列島之間，承受著其無可避免的地緣政治和文化命運。這種地緣政治和文化命運同時帶給它們不利和有利的影響。

從不利的方面來說，無論是古代的大陸王朝想要向海洋擴張時，或是海洋強國日本想要向大陸擴張時，這個半島都往往會成為首當其衝的受害者。照一位西方歷史學家的看法來說，朝鮮半島宛如火車車廂之間的過道，來來往往的人們都要經過那兒。

但是從有利的方面來說，無論是古代漢文化由大陸向東傳播（由中國經朝鮮半島到日本），抑是近代西方文化由太平洋向西傳播（從日本經朝鮮半島到中國），朝鮮半島也都是必經的通道與橋樑，因此很容易接受毗鄰國家先進文化的影響。

在歷史上漢文化的全盛時期，朝鮮半島曾是除了中國本土以外，漢文化程度最高的地區；而在現代工業化和現代化的浪潮之中，位於朝鮮半島南半部的韓國又在東亞各國和各地區

中，繼日本之後，率先取得經濟起飛的成果，成為亞洲「四小龍」之一。

朝鮮半島的地緣政治和文化命運，在古代主要和中國及日本有關，自近代以來則除了中國和日本以外，也和俄國（前蘇聯）及美國等世界強國有關。沙俄由於從中國的東北攫取了大片領土，因此到了十九世紀前半葉時，它也開始在東亞發揮其影響力，並以短短十幾公里長的邊界線，成為與朝鮮半島接壤的又一個大陸強國。為了向太平洋地區擴張，俄國開始對朝鮮半島抱有野心，以求得全天候的太平洋出海口，以及對朝鮮海峽的控制權。不過，由於在 1904～1905 年的戰爭中敗給日本，因此它不得不暫時從朝鮮半島退出。

第二次世界大戰結束以後，朝鮮半島成為東西方兩大陣營對抗的前線，尤其是美、蘇兩大超級大國對峙的前沿，為此爆發了持續三年的朝鮮戰爭（韓戰）。繼中國、日本和俄國（前蘇聯）之後，美國的影響開始全面湧進朝鮮半島，成為決定其地緣政治和文化命運的又一大國，朝鮮半島遂因此成為世界性的熱點。

現在東西冷戰雖然已經結束，可南北韓仍然對峙著，其遺爭卻還繼續存在。朝鮮半島的地緣政治和文化命運，還在繼續受到世界各強國的影響。

對於自己的這種地緣政治和文化命運，很多朝鮮人都抱有強烈的危機意識；尤其是當他們從不利的方面來考慮問題時。比如有的人就異想天開地主張，要把朝鮮半島從東亞大陸上切割下來，放在日本與夏威夷之間的太平洋裡，以避免遭受來自東亞大陸或日本的干擾，能夠像日本列島那樣保持永久的和平。因為即使朝鮮半島統一了，但處於中國、俄國和日本之

間，它也仍然是一個小國，仍有可能受到威脅；只有把它放在太平洋中間，它才會有安心的感覺。❶

「朝鮮夾在兩個大國──中國和日本──之間，即使六千萬朝鮮人（南北雙方都計算在內）結合成一個政治實體，它的生存仍有可能受到威脅。」❷

不過，從有利的方面來看，如果沒有這種地緣政治和文化環境，朝鮮半島也就不會有其今天這樣發達的文化，而大抵會像太平洋中的諸島國那樣，保持其自然原始的風土面貌。

然而，也正是從其這種地緣政治和文化命運之中，從其對於自己的地緣政治和文化命運的態度之中，可以找到了解朝鮮半島的歷史和文化的鑰匙，可以發現朝鮮半島的獨特智慧形成的原因。

挑戰地緣政治和文化命運的智慧

有人把朝鮮半島的歷史看成是一部不斷挑戰其地緣政治和文化命運的歷史，我們覺得這是完全正確的；同時我們也認為，朝鮮半島的根本智慧便也就是不斷挑戰其地緣政治和文化命運的智慧。

所謂「挑戰地緣政治和文化命運的智慧」，從根本上來

---

❶ 尹應壽：《我眼裡所看到的日本──一個在日韓國人的日本觀》，自費出版，一九七七年，京都，第五頁。

❷ 金大中：《金大中哲學與對話集──建設和平與民主》（憑世則等譯）。其中，人口數字為一九八三年當時的數字。

說，也就是怎樣在既定的地緣政治和文化環境中，保存自己和發展自己的智慧。

對於地緣政治和文化命運的挑戰，不應該僅僅理解為消極的抵抗，還應該理解為積極的利用。抵抗與利用的巧妙平衡才是挑戰的真正意義之所在，也才是挑戰的根本智慧之所在。

朝鮮半島挑戰自己的地緣政治和文化命運的智慧，表現在其歷史、文化、政治、外交、文字、文學、藝術、學術及社會生活等各個方面；儘管其具體表現各有不同，但是其內在精神卻幾乎一脈相通。

由於其所處的特殊地緣政治環境，因此一般認為，朝鮮半島特具外交方面的智慧。正如一位日本學者所指出的：「與日本那樣的島國社會不同，置身於與許多民族鄰接的流動的大陸部國際社會，為了保持民族社會，不言而喻，會重視現實、機敏的外交戰術。朝鮮社會也不例外，儘管經受了許多的受難和屈辱，但是像這樣保持長久的民族社會的歷史，其例子是很少見的。每天對於民族存亡危機的克服，大都依賴於其外交政策。」❸也正如一位韓國政治家所指出的：「由於我國位於四大強國之間，我們必須慎重從事，在外交力求均衡。所以，我覺得我國人民應當比別的民族更懂得『外交』。」❹朝鮮半島的歷史與現實，也證實了他們的上述看法。

在三國時代，高句麗、百濟和新羅都分別通過與大陸王朝

---

❸ 伊藤亞人編：《韓國》，弘文堂，一九八七年，東京，第十五～十六頁。

❹ 金大中：《金大中哲學與對話集──建設和平與民主》（馮世則等譯）

或日本發展關係，來增強自己在三國中的競爭力量，並壓抑或牽制自己的對手。最善於運用這種外交藝術的新羅最終通過聯合唐朝的力量，擊敗了百濟和高句麗，成為三國中最後的微笑者。然後，它又通過明軟暗硬和明讓暗爭的策略，從唐朝那兒奪取了原百濟的全部領土，以及原高句麗的一部分領土，挫敗了唐朝想要控制整個朝鮮半島的野心。

在高麗王朝時期，面對遼、金、元等大陸王朝的擴張政策，高麗王朝都採取了在外交上俯首低眉，在軍事上絕不讓步；在名義上稱臣納貢，在本質上保持獨立的外交政策；在他們的高壓下保全了自己。

當大陸上各王朝並立時，它也總是衡量利害關係，利用它們的矛盾和弱點，讓它們互相牽制，以減輕對自己的壓力。

朝鮮王朝時期，曾面臨大陸元、明王朝交替，明、清王朝交替，以及朝鮮半島上的清、日勢力交替等各道難關，但是朝鮮王朝大都能根據自己的國家利益，採取現實和機敏的外交政策，不為名分或義理等等因素所束縛，而最終還是擺脫了自己的困擾。

在韓國的對外關係中，也可以看出傳統外交智慧的表現。比如一面依靠美國以及西方世界，一面展開包括中國在內的「北方外交」，改善同原東方陣營的關係，以增加自己的安全係數，同時也為自己的經濟拓展市場。

概括朝鮮半島從古今至的外交智慧，可以說是一種在大國夾縫中尋求自我保存的智慧。1232 年高麗國王答蒙古沙打官人書曾云：「弊邑本海外之小邦也，自歷世以來，必行事大之禮，然後能保有其國家。」（《高麗史》卷二十三世家卷第二十之高宗二）

「事大之禮」其目的並不是為了投降，而是為了在大國的壓力下保全自己，因此它其實也是一種「外交智慧」。

儘管古往今來關於國際秩序的理念已經有所改變，但是國際關係中的強權原則卻從來沒有過時。因此對處在大國夾縫中的小國來說，善於展開對大國的外交乃是一種必要的智慧。朝鮮半島憑藉其卓越的外交智慧，對其地緣政治命運作出了成功的挑戰。

由於其所處之特殊的地緣文化環境，因此長期以來，朝鮮半島一直面臨著一個基本的困境，即怎樣一面吸收先進的大陸文化或海洋文化，一面又不被其同化而保存民族特性。就像在其挑戰自己的地緣政治命運時一樣，在其挑戰自己的地緣文化命運時，朝鮮半島也表現出卓越的智慧。

就拿文字來說吧！從紀元前後文字傳入朝鮮半島時起，直至十五世紀中葉朝鮮文字創制出來時為止，在將近一千五百年的漫長時期裡，漢字一直是朝鮮半島唯一的書寫系統；即使在朝鮮文字創制出來以後，漢字也作為官方及正式的書寫系統，一直使用到十九世紀末葉。這即使在東亞漢文化圈中，也是非常突出的現象。這都是為了直接吸收中國大陸的先進文化，為了在漢文化圈中保持領先地位，為了獲得文化上的自信心和優越感，當然最終也是為了提升和發展民族文化。這也可以說是善於利用自己的地緣文化處境的智慧表現之一。

尤其使人印象深刻的是，以上兩個方面的智慧表現，竟能如此和諧地共存於一個民族身上。當他們致力於學習漢文化時，他們遲遲不創制自己的文字，或者即使創制了，也遲遲不應用；但是當他們致力於發揚民族自主性時，他們又創制了這麼合理優秀的文字，足以自主於世界文字之林而無愧色，又這

麼徹底地重視自己的文字，並竭力排除任何的外來影響。這兩個方面的極端性，都非常引人注目。這說明他們的挑戰地緣文化命運的智慧是一種利用和抵抗巧妙和諧的智慧。

文學方面的情況亦是如此。朝鮮半島曾利用自己的地緣文化環境，學習和吸收先進的中國文學，使自己的漢文學水準，在當時的漢文化圈中名列前茅，以此提高了其在漢文化圈中的地位，並培養起文化上的自信心和自豪感；與此同時，它也不斷抵抗自己的地緣文化環境，探索適合民族需要的文學新樣式，創造和發展自己的國語文學，並在條件成熟時將之發展為文學的主流。這兩個方面緊密地結合在一起，構成了朝鮮文學史的獨特景觀。而且與文學方面的情況相同，無論在接受漢文學的徹底性上，抑是在排斥漢文學的徹底性上，朝鮮半島都超過漢文化圈中的其他各國。

此外，在史學、藝術、宗教和學術等各個文化領域，朝鮮半島也大抵發揮了相似的挑戰地緣文化命運的智慧。

總起來說，這種挑戰自己的地緣文化命運之智慧的根本特徵，是一邊利用自己的地緣文化環境，不斷吸收先進的大陸文化或海洋文化，一邊又抵抗自己的地緣文化環境，努力在各個方面保持自己的民族特性，唯其如此，所以既能使自己的文化上升到先進文化的水準，又能使自己的文化保持明顯的民族特性。這種挑戰自己的地緣文化命運的智慧，與其挑戰自己的地緣政治命運的智慧，在精神實質上也是一脈相通的。

挑戰地緣政治和文化命運的成就

　　兩千多年以來，對於自己的地緣政治和文化命運，朝鮮半島發揮了獨特的智慧，作出了持續不斷的挑戰，最終取得了怎樣的成就呢？

　　關於這個問題，聽聽朝鮮人民自己的回答，也許更為合適一些。一種普遍的觀點認為，在兩千多年的悠久歷史中，朝鮮半島所取得的最大成就是在民族和文化等各個方面始終保持了自己的獨立性，而沒有被外來民族和文化，尤其是中國民族和文化所同化。

　　在這方面，金大中的下述發言也許是具有代表性的。他曾以自豪的心情，反覆地強調了這一點。

　　　　朝鮮人在政治、軍事、經濟、宗教和文化方面受中國人的統治長達兩千年之久。但六千萬朝鮮人在他們的小小半島上保存了自己的語言、文化和人種特點，這一點與蒙古人和滿族人是不同的。蒙古人曾一度統治中國，現在在中國還有一百五十萬人，但他們也完全漢化了；滿族人也一度統治過中國，他們也完全漢化了……在中國無比強大的文化同化力面前，竟然保存了這樣鮮明有力的文化特點，這簡直是一個奇蹟。

　　　　他們頂住了其他民族的衝擊，成功地保持了本國民族的獨立性，而沒有被蒙古、中國或日本等入侵者的文化所同化。

　　　　在亞洲，我國是戰勝中國幾千年的統治和影響，保持了自己民族特性的唯一國家。中國徹底同化了蒙古人和

滿洲人，而朝鮮人卻自豪地保持了自己民族的完整。

　　我始終認為，我們的民族無疑是世界上最偉大的民族之一。在我們幾千年的悠久歷史中，我們始終保持了自己民族的基本特徵，成功地抵禦了外來侵略、捍衛了領土完整和國家的獨立……蒙古人曾建立元朝，統治中國一個世紀之久，而現在除了生活在蒙古人民共和國的一百五十萬蒙古人之外，他們都已中國化了。以大清為國號而統治中國達三百年之久的滿族人已被中國人同化，現在已幾無蹤跡可尋。而我們呢？儘管在政治、經濟、文化、宗教和教育等方面深受中國的影響，被統治達兩千餘年之久，今日生活在半島上的六千萬人卻以一個獨立的民族而存在，而且在所有那些受到中國影響的領域中，鮮明地保持了自己獨立的特徵。

　　我們不應該忘記，無論是中國、日本或西方的影響，我們從來沒有被這些外來勢力所同化。在這方面，我們一直是獨特的，同蒙古人或滿洲人大不相同。我反覆重申，我們應該永遠懷著巨大的自豪感回顧我們的歷史。❺

　　蒙古族和滿族的情況是另一回事，但他所強調的朝鮮民族的情況則無疑是完全正確的。在東北亞阿爾泰語系各民族中，朝鮮民族也許是受中國文化影響最深，同時又最能保持自己的民族特性的民族之一。這也許得歸因於其獨特的地理環境：朝鮮半島既與大陸相連，因而容易受到大陸文化的影響；同時又

---

❺　金大中：《金大中哲學與對話集——建設和平與民主》（馮世則等
　　譯）。

相對獨立於大陸，因而容易保持其相對獨立性。

朝鮮半島的這種相對獨立性，中國古代帝王也有所認識，如 1387 年明太祖「聖旨」云：「高麗隔海限江，風殊俗異……實非中國所治。天造地設，三面負海以為險，餘者憑山以為固。從古至今，人民蕃息。凡王於是方，主宰生靈者，必上帝有所命，方乃妥焉。」（《高麗史》卷一百五十六列傳卷第四十九辛禑四）翌年「聖旨」云：「高麗隔大海，限鴨綠，始古自為聲教。」（《高麗史》卷一百三十七列傳卷第五十辛禑五）都是這種認識的表現，並反應了古代中國的朝鮮觀。

其次，也許也得歸因於其與其他東北民族不同，早已發展起和平安靜的農耕文化，而失去了原先遊牧民族的強悍好鬥性，因而從未曾抱過向大陸或海洋擴張的野心，從而也就免除了和被征服民族融合的命運。

再次，也許也得歸因於其強烈的民族特性和文化特性意識。「一種強烈的民族特性和文化特性意識使他們得以在民族上和文化上始終保持有別於中國人……儘管韓國同中國之間從兩國歷史的早期就有了廣泛的文化往來，卻並未發生民族同化。這基本上是由於韓國人的民族意識濃厚。韓國人有強烈的民族差異和文化特色的觀念（至今仍然如此），因此同中國和日本接觸雖多卻保持了自己的特性。韓國人從古代開始便向日本輸出韓國文化和傳播中國文化，可是並不作同日本人實行民族混合的任何嘗試。」[6]

然而，最根本也是最重要的，卻得歸因於其挑戰地緣政治

---

[6] 韓國海外公報館：《韓國手冊》（中文版），一九九二年漢城，第四十九頁。

和文化命運的智慧。正是這種朝鮮民族的根本智慧，使他們既能夠不被大陸或海洋文化所同化，始終保持自己的民族特性，同時又能夠大量吸收大陸或海洋文化，使自己的文化上升到先進文化的水準。

我們認為，始終保持自己的民族特性，同時通過吸收先進的外來文化以提升自己的文化水準，這兩者的完美結合與巧妙平衡才是朝鮮半島幾千年來的真正成就之所在，同時也是其真正智慧之所在；只強調其中的一個方面，無疑是不夠全面的。

「半島智慧」與人類智慧

所有民族或國家的歷史，在一定意義上，都是挑戰其地緣政治和文化命運的歷史，即使中國和日本也是這樣，並不限於朝鮮半島；然則朝鮮半島挑戰自己的地緣政治和文化命運的智慧，相比之下有些什麼特殊性呢？

最基本的特殊性就是其「半島」性格。朝鮮半島的文化，本質上是一種「半島文化」。它既不同於以中國文化為代表的「大陸文化」，也不同於以日本文化為代表的「海洋文化」或「島國文化」，而是正好介於兩者之間，與兩者均各有聯繫，同時又並不同於兩者。

因此，朝鮮半島的傳統智慧，在本質上便也是一種「半島智慧」，與作為其基盤的「半島文化」相適應。它既不同於中國式的「大陸智慧」，也不同於日本式的「海洋智慧」或「島國智慧」，而是同樣正好介於兩項之間，與兩者均各有聯繫，同時又並不同於兩者。

「大陸智慧」所要挑戰的是大陸的地緣政治和文化命運，「海洋智慧」或「島國智慧」所要挑戰的是海洋中島國的地緣政治和文化命運，而「半島智慧」所要挑戰的自然是半島的地緣政治和文化命運。

　　「半島文化」的基本特徵，應該說是它的「附屬性」：有時候附屬於大陸文化，有時候附屬於海洋文化。所以「半島智慧」的基本特徵便也就是對於其「附屬性」的抵抗和利用，使自己兼具大陸文化與海洋文化的長處，同時又不被大陸文化或海洋文化所同化。

　　朝鮮半島的「半島文化」能夠發展到現在這樣的高度，正是「半島智慧」長期運作的結果；而朝鮮半島的「半島智慧」本身也通過其長期的運作，不斷得到檢驗和充分發展。歷史事實證明，類似這樣的「半島智慧」，對於半島的人民是非常有用的。

　　然而，「半島智慧」不僅對半島的人民是有用的，對大陸和島國的人民也是有用的。因為一如「大陸」、「島國」和「半島」的概念都是相對的一樣，每個國家、每個民族，乃至每個個人的處境，其實也都是相對的。每個個人、每個民族，乃至每個國家，相對於其他個人、其他民族和其他國家來說，都既可能是「大陸」，也可能是「島國」，可能是「半島」；同時，時間和歷史本身也會使個人、民族和國家的處境發生同樣的變化。因此，「半島智慧」對於整個人類都具有積極的意義，是整個人類智慧的一個組成部分。

Chapter 2

三國與統一後的新羅：
地緣智慧的發端

　　從公元初至七世紀中葉的七百來年間，朝鮮半島及中國東北之一部，高句麗、百濟和新羅三國鼎立，相互之間不斷發生紛爭和戰爭。就像中國歷史上的三國時代一樣，以朝鮮半島為主的這三個國家之間，也不斷變換著合縱連橫的方式，相互之間都有一筆筆算不清的恩怨帳。

　　但和中國歷史上的三國時代不同，由於在東亞大陸上存在著更強大的王朝，因此以朝鮮半島為主的這三個國家之間的關係又受到它們各自和大陸王朝之關係的影響。它們各自和大陸王朝之間關係的好壞，常常決定了它們在三國中形勢的利弊。因此，改善並利用三國之中，常常成為它們外交政策的基石，也考驗著它們外交方面的智慧。

　　在三國之中，由於新羅最擅於利用與大陸王朝之間的關係，最擅於發揮外交方面的智慧，因而最終成了朝鮮半島的主人，和三國之中的勝利者。可以說，朝鮮半島的歷史，從一開始起便受到地緣政治命運的影響；而新羅則憑藉其智慧，成了

第一個成功的挑戰者。

高句麗的外交藝術

　　高句麗在其早期，不斷與大陸王朝發生戰爭，儘管也經常打勝仗，但也經常受到侵略。從廣開土王（392～413 年在位）開始，其發展和擴張的重心由北方轉向南方，其領土逐漸擴展到大同江、臨津江及漢江一帶，其統治中心也在長壽王（413～491 年在位）十五年（427 年），從國內城遷到平壤。（《三國史記》卷第十八《高句麗本紀》第六）大致從這前後起，高句麗也相應地改變了其外交政策，對於北方的大陸王朝，由強硬地對抗轉為名義上的朝貢。

　　據《三國史記》記載，從遷都平壤前後開始，高句麗頻繁地朝貢於北魏，多時達到一年三次。也正是從這時候起，高句麗與北方的大陸王朝之間，基本上不再發生戰爭；高句麗的西邊境，在這時候大致保持平靜。與此同時，高句麗也發展與中國南朝的關係。此後，高句麗與中國南北朝的歷代王朝都保持了名義上的朝貢關係。

　　高句麗改變自己的外交政策，改善同北方大陸王朝之間的關係，其目的當然是為了對付百濟與新羅，以便在三國之間的紛爭中占據優勢。高句麗這一「北和南進」政策，在五、六世紀取得了成效。那時高句麗達到了全盛階段，在三國之中也最為強大；即使在整個東亞，也相當引人注目。「時魏人謂我方強，置諸國使邸，齊使第一，我使者次之。」（《三國史記》卷十八《高句麗本紀》第六）其外交政策的得當，可以說是主要

原因之一。

高句麗文咨明王（491～519 年在位）十三年（503 年），高句麗在北魏面前挑撥，說自己之所以貢賦有闕，實因百濟和勿吉從中阻撓。這可作為其外交藝術的一個實例。

> 十三年夏四月，遣使入魏朝貢。世宗引見其使芮悉進於東堂。悉弗進曰：「小國繫誠天極，累葉純誠。地產土毛，無愆王貢。但黃金出自扶餘，珂則涉羅所產。扶餘為勿吉所逐，涉羅為百濟所併。二品所以不登王府，實兩賊是為。」世宗曰：「高句麗，世荷上獎，專制海外，九夷黠虜，悉得征之，瓶罄罍恥，誰之咎也？昔方貢之愆，責在連率。卿宜宣朕志於卿主，務盡威懷之略，揃披害群，輯寧東裔。使二邑還復舊墟，土毛無失常貢也。」
> （《三國史記》卷第十九《高句麗本記》第七）

高句麗儘管受到北魏的責備，但同時卻又得到北魏的默許，使它可以以堂皇的理由，無後顧之憂地去進攻百濟和勿吉。高句麗的這種做法也是三國外交藝術的故伎，只是在五、六世紀時，高句麗運用得相當得心應手。

但是，高句麗與北方大陸王和的和平關係，到了隋、唐興起以後卻不復存在了。從六世紀末到七世紀中葉，隋、唐與高句麗之間不斷發生戰爭。雖然在戰術上，高句麗一直甚為成功，甚至還取得過幾次輝煌的大捷，但是最終卻未能擺脫滅亡的命運，於 668 年亡於唐朝和新羅聯軍手中。

追究高句麗亡國的原因，隋、唐的擴張政策和新羅的統一野心固然是其主因，但是高句麗外交政策的失誤也難辭其咎。

在咄咄逼人的隋、唐王朝面前，高句麗未能繼續運用故智，以表面上的順從換取實質上的好處，而是相反地採強硬的路線，並主動發起軍事進攻，於嬰陽王（590～618年在位）九年（598年），率先發靺鞨之眾萬餘進攻遼西，成為隋高戰爭的導火線。相反，新羅卻棋高一著，借用了高句麗的故伎，通過與唐朝的交好，對高句麗占了上風，成了對抗賽中的勝者。

在與大陸強盛王朝的關係方面，高句麗此時的外交藝術不僅比不上同時的新羅，甚至也比不上後來的渤海國。同樣是那麼一塊地盤，渤海國卻以交好唐朝，以及與新羅互不來往，一直保持了兩百多年的江山。在這一意義上，高羅王朝的歷史學家金富軾在其《三國史記》的《高句麗本紀》末尾，對高句麗歷史所作的如下評論，便也不能說是沒有道理的——

　　高句麗自秦漢之後，介在中國東北隅，其北鄰皆天子有司，亂世則英雄特起，僭竊名位者也。可謂居多懼之地；而無謙巽之意，侵其封場以讎之，入其郡縣以居之。是故兵連禍結，略無寧歲。及其東遷，值隋唐之一統，而猶拒詔命以不順，囚王人於土室，其頑然不畏如此。故屢致問罪之師。雖或有時設奇以陷大軍，而終於王降國滅而後止。（《三國史記》卷第二十二《高句麗本記》第十）

金富軾的這番評論誠然有其中國中心論的局限，但是其中也有若干值得重視之處。一是他指出高句麗所處的地緣政治環境，相對來說是三國中最為複雜的；二是他指出面對如此複雜的地緣政治環境，實需要一種「謙巽」的外交智慧，而高句麗之最終走上滅亡的道路，恰與缺乏這種「謙巽」的外交智慧有

關；三是他指出高句麗局部戰術上的勝利，實不足以抵消其九局戰略上的失敗。總觀高句麗的盛衰與興亡的歷史，可以證實金富軾的說法不為無據。

當然，不同的看法也是存在的，比如有些史家便認為：「挾滿州（中國東北地方）遼河的高句麗與中國之對等的對峙，對於朝鮮史自主的發展具有重要的意義。之所以這麼說，是因為當中國大陸出現隋、唐這樣的強大帝國時，朝鮮三國中有實力與之對抗的只有高句麗……高句麗（對隋唐幾次侵略）的勝利，終於使朝鮮三國不被併入隋、唐這些中國巨大帝國的版圖，邁上了自主的道路。」❶

不過，如果高句麗繼續運用其曾經有效運用過的外交智慧，不與隋、唐這些強盛王朝發生正面衝突，從而使自己能夠避免亡國失地的命運，這不是更有利於朝鮮三國「自主的發展」嗎？歷史的是非，真是不容易評說的。

百濟的外交藝術

位於朝鮮半島西南端的百濟，為了對付高句麗和新羅，也採取了交好中國與日本的方針，大大發揮其在外交藝術方面的智慧。

百濟隔黃河與中國大陸相望，隔朝鮮海峽又與日本斜對。其海上交通發達甚早，常通過黃海，與中國往來，又常繞過朝

---

❶ 姜在彥：《朝鮮的歷史與文化》，大阪書籍，一九八九年，大阪，第四十四～四十七頁。

鮮海峽，與日本交通。為了牽制高句麗的南進，它主動與中國南朝諸王朝交好；為了對抗新羅西壓，它又盡可能利用日本的海上力量。在《三國史記》的《百濟本紀》中，我們可以看到很多有關百濟朝貢中國南朝各王朝及與日本互換使者的記載，說明當時百濟的對外交往相當活躍和主動。

百濟不僅與中國南朝各王朝保持良好關係，而且還曾試圖與中國北朝各王朝發展關係。蓋鹵王（455～475 年在位）十八年（472 年），遣使朝魏上表，說高句麗的壞話，讓北魏出兵合攻高句麗。但其時北魏正與高句麗交好，百濟的計謀未獲成功，百濟因而斷絕了對北魏的朝貢。百濟之所以想與北朝發展關係，是因為北朝與高句麗接壤，可以直接對高句麗構成威脅。也正因為同樣的原因，高句麗在南進的同時，要和北朝保持良好的關係。

在發展與北朝的關係方面，百濟未能獲得什麼進展；但是到了隋朝建立以後，百濟的機會終於來了。威德王（554～598 年在位）三十六年（589 年），隋平陳戰船一艘漂至耽牟羅國，回隋時經過百濟國界，百濟國王資送之甚厚，並遣使奉表賀平陳，隋文帝下詔表示嘉許，百濟與隋因此搭上了關係。（《三國史記》卷第二十七《百濟本紀》第五）後來隋與高句麗交惡，隋文帝擬攻遼東，百濟王「遣使奉表，請為軍道。」（同上）武王（600～641 年在位）八年（607 年），「遣扞率燕文進入隋朝貢，又遣佐平王孝鄰入貢，兼請討高句麗。煬帝許之，令觀高句麗動靜。」（同上）武王十二年（611 年），「隋煬帝將征高句麗，王使國智牟入請軍期。帝悅，厚加賞賜，遣尚書起部郎席律來，與王相謀。」（同上）可見利用隋朝的力量牽制和對抗高句麗，乃是百濟的一貫國策。

不過，百濟一邊利用隋朝對付高句麗，一邊卻又利用高句麗對付隋朝。百濟武王十三年（612 年），「隋六軍度遼，王嚴兵於境，聲言助隋，實持兩端。」（《三國史記》卷第二十七《百濟本紀》第五）「初，百濟王璋，遣使請討高句麗，帝使之觀我動靜。璋內與我潛通，隋軍將出，璋使其臣國知牟入隋請師期。帝大悅，厚加賞賜，遣尚書起部郎席律詣百濟，告以期會。及隋軍渡遼，百濟亦嚴兵境上，聲言助隋，實持兩端。」（《三國史記》卷第二十《高句麗本紀》第八）

　　百濟的如意算盤似乎是：如果隋軍得手，它就從高句麗背後發起進攻；如果隋軍失敗，它就對高句麗說，這只是做給隋朝看的。這樣它就能兩邊不得罪，或者說兩邊討巧。這是顯示百濟外交智慧的一個實例。

　　後來唐朝興起，百濟對待唐朝一如對待隋朝，經常遣使入唐朝貢，順便向唐朝告高句麗和新羅的狀，試圖利用唐朝對付高句麗和新羅。

　　在當時與隋、唐的關係方面，由於百濟能夠以「外稱順命」，對隋、唐採取表面上的恭順態度，因而雖不能達到借兵之目的，卻至少在長時期內足以免其除威脅，其外交政策不能不說是成功的。所以百濟武王死後，唐太宗還為之「舉哀玄武門」，並下詔優卹。（《三國史記》卷第二十七《百濟本紀》第五）

　　但是，在最後的義慈王（641～660 年在位）時期，處於激烈的外交競爭中，百濟卻敗給了新羅。新羅藉其高超的外交藝術，贏得了唐朝的好感和信任，同意出兵夾攻百濟，並於660 年將之滅亡。百濟滅亡之後，日本還曾出兵支持，試圖幫助百濟恢復，但是最終未能濟事。金富軾評論百濟滅亡的原因

時，亦指出了其最終外交上的失敗——

> 至於百濟之季，所行多非道；又世仇新羅，與高句
> 麗連和以侵軼之，因利乘便，割取新羅重城巨鎮不已，非
> 所謂親仁善鄰、國之寶也。於是唐天子再下詔平其怨，陽
> 從而陰違之，以獲罪於大國，其亡也亦宜矣。
>
> （《三國史記》卷第二十八《百濟本紀》第六）

與當時新羅的所作所為作一比較，則百濟失敗之必然就更顯得一目瞭然了。

和高句麗一樣，百濟的盛衰與興亡也和其與大陸王朝的關係、其外交手腕的高低息息相關。它曾經發揮過它的外交智慧，最終卻被棋高一著的新羅占去了上風。

新羅的外交藝術（上）

新羅在三國之中曾經是最弱的，不過它最終卻成了三國的統一者，以及整個朝鮮半島的第一個主人。之所以能取得最後的成功，不僅是由於它不斷壯大自己的力量，而且也是因為它尤富於外交智慧之故。

新羅僻處於朝鮮半島東南部，與中國建立聯繫最晚，遲至法興王（514～540年在位）八年（521年），才第一次「遣使於梁，貢方物。」（《三國史記》卷第四《新羅本記》第四）其時高句麗和百濟都早已是國際外交的老手了。不過也許正因為其國力最弱，展開國際外交又最遲，所以反而使其能夠沒有包

袂，從落後中圖奮起，獲致後來居上之結果。

自六世紀中葉新羅占據漢江流域以後，由於有了通往黃海的通道和出海口，新羅與大陸之間的交流日趨活躍；尤其是隋唐王朝相繼建立以後，新羅更是積極開展對隋、唐的外交，試圖利用隋、唐的力量，壓制高句麗和百濟。新羅曾累次遣使赴隋，乞師夾攻高句麗。如真平王（579～632 年）在位三十年（605 年），「王患高句麗屢侵封場，欲請隋兵以征高句麗，命圓光修乞師表。」（《三國史記》卷第四《新羅本記》第四）真平王三十三年（611 年），「王遣使隋，奉表請師，隋煬帝許之行兵」（同上）

唐朝代隋而興後，新羅又通好於唐，自真平王四十三年（621 年）起，幾乎年年朝貢不絕，並繼續請兵夾攻高句麗和百濟。真平王四十七年（625 年），「遣使大唐朝貢，因訟高句麗塞路，使不得朝，且數侵入。」（同上）善德王（632～647 年在位）十二年（643 年），「遣使大唐上言：高句麗、百濟侵凌臣國，累遭攻襲數十城。兩國連兵，期之必取，將以今茲九月大舉。下國社稷，必不獲全。僅遣陪臣，歸命大國，願乞偏師，以存救援。」（《三國史記》卷第五《新羅本紀》第五）

翌年（644 年），唐太宗為此特賜書高句麗，表示自己是新羅的堅強後盾：「新羅委命國家，朝貢不闕。爾與百濟，宜即戢兵。若更攻之，明年當出師擊爾國矣！」（同上）翌年（645 年），唐朝與新羅果然聯合進攻高句麗：「太宗親征高句麗，（新羅）王發兵三萬以助之。」（同上）至此為止，在與唐朝的外交中，新羅已戰勝高句麗和百濟，占有壓倒性的優勢。

至真德王（647～654年）、武烈王（654～681年）和文武王（661～681年）時期，新羅的對唐外交更趨活躍和積極，先後採取了一系列有效措施，進一步贏得了唐朝的好感和信任。其中達到高潮的，可以說是真德王二年（648年），金春秋（後來的武烈王）的朝唐。金春秋的這次朝唐，在外交上取得了全面成功。

　　　遣伊湌金春秋及其子文王朝唐，太宗遣光祿卿柳亨郊勞之。既至，見春秋儀表英偉，厚待之。春秋請詣國學，觀釋奠及講論。太宗許之，仍賜御製溫湯，及晉祠碑，並新撰《晉書》。嘗召燕見，賜以金帛尤厚。問曰：「卿有所懷乎？」春秋跪奏曰：「臣之本國，僻在海隅，伏事天朝，積有歲年。而百濟強猾，屢肆侵凌。現經年，大舉深入，攻陷數十城，以塞朝宗之路。若陛下不借天兵翦除凶惡，則敝邑人民盡為所虜，則梯航述職無復望矣。」太宗深然之，許以出師。春秋又請改其章服，以從中華制。於是內出珍服，賜春秋及其從者。詔授春秋為特進，文王為左武衛將軍。還國，詔令之品已上燕餞之，優禮甚備。春秋奏曰：「臣有七子，願使不離聖明宿已。」因命其子文注與太監□□。」（《三國史記》卷第五《新羅本紀》第五）

　　金春秋以自己的丰姿和才能，打動了一代雄主唐太宗，在「感情投資」上已占了上風；同時他又有幾個具體做法，想必也深得唐太宗的歡心：一是「請詣國學，觀釋奠及講論」，表示對於文教禮樂的尊敬；二是「請改其章服，以從中華制」，

表示對中華制度的嚮往；三是命其子留下宿已，表示對唐王朝的忠心；等等。經過這些事先肯定經過深思熟慮的步驟，金春秋取得唐太宗的信任和好感，達成了請唐出師的目的。

新羅採取的另外一些外交步驟，無疑也有助於加強唐朝對自己的信任和好感。比如真德王二年（648 年），唐太宗曾責備新羅使臣：「新羅臣事大朝，何以別稱年號？」新羅使臣馬上敏捷地回答：「曾是天朝未頒正朔，是故先祖法興王以來，私有紀年。若大朝有命，小國又何敢焉！」至真德王四年（650 年），「是歲始行中國永徽年。」金富軾認為新羅此舉是：「出於不得已。」蓋同樣是為了達成乞師的目的，而曲徇唐朝的意志。（《三國史記》卷第五《新羅本紀》第五）同年，在「遣使大唐，先破百濟之眾」時，真德王還「織錦作王言《太平頌》，遣春秋子法敏，以獻唐皇帝。」法敏即後來的文武王。這又是一個異乎尋常的外交舉動，其目的同樣是為了加深同唐朝的結盟關係。其辭曰——

> 大唐開洪業，巍巍皇猷昌。止戈戎衣定，修文繼百王。統天崇雨施，理物體含章。深仁偕日月，撫運邁時康。幡旗何赫赫，鉦鼓何煌煌。外夷違命者，剪覆被天殃。淳風凝幽顯，遐邇競呈祥。四時和玉燭，七曜巡萬方。維岳降宰輔，維帝任忠良。五王成一德，昭我唐家光。（《三國史記》卷第五《新羅本記》第五）

史載：「高宗嘉焉，拜法敏為大輔卿以還。」（同上）可見是起到了很好的外交作用。此詩在中國詩界甚受推崇，人們稱道它「高古雄渾，與初唐諸作頡頏。」（《唐詩品彙》）可

是現代的朝鮮人卻不一定喜歡它，比如有人認為它：「詩極好而阿附過甚。」❷其實此詩的「阿附」並非出於真心，而僅僅是一種外交辭令。新羅旨在利用這首詩歌，打動好大喜功的唐朝皇帝之心，以便順利得到唐朝的幫助，共同對付百濟和高句麗。「這首用於外交事業的詩，是新羅聯唐措施中的一部分，它對促使唐朝幫助新羅征服其他兩國起了積極作用。」❸這首詩據說並非出自真德王本人，而是一個名叫強首的文人所作。在新羅聯唐的外交活動方面，強首的文章也起過莫大的促進作用。文武王就曾指出過這一點──

> 強首文章自任，能以書翰致意於中國及麗濟二邦，故能結好成功。我先王請兵於唐以平麗濟者，雖曰武功，亦由文章為之助焉。則強首之功豈可忽也！
>
> （《三國史記》卷第四十六列傳第六《強首傳》）

在強首所作的外交文章中，或許也包括這首詩在內？這首詩的外交作用及寫作目的，文武王的上述這番話，已經說得很明白了。

新羅的所有以上這些外交措施，從他們的內心深處來說，也許都是出於不得已，但是為了征服另外兩個國家，新羅卻這麼一樁樁去做了。然而它這麼做以後所取得的結果也是眾所周

---

❷ 崔海鍾：《韓國漢文學史》，東西文化院，一九八九年，漢城，第十四頁。

❸ 來旭升：《朝鮮文學史》，北京大學出版社，一九八六年，第三十三頁。

知的，660 年與 668 年，新羅與唐朝聯軍分別滅亡了百濟和高句麗。在鼎立於朝鮮半島的三國之中，新羅成為最後僅存之碩果。這既是其武力擴張的結果，也是其外交政策的勝利。

因而我們認為，在當時的三國之中，新羅是最具外交智慧的。它不僅沒有被複雜的地緣政治環境所壓倒，反而通過巧妙地利用地緣政治環境，取得最後的勝利。相比之下，像高句麗和百濟這些國際外交的老手，卻反而遠遠落在新羅的後面了。

新羅的外交藝術（下）

由於外交政策的成功，新羅贏得唐朝的支持，共同消滅了百濟和高句麗，成了三國之中最後的勝利者。不過，新羅的外交智慧並不至此為止，而是繼續表現在與唐朝的鬥爭中。

新羅與唐朝的聯合陣線建立在共同利害關係的基礎之上。百濟和高句麗是新羅的宿敵，高句麗又是唐朝的宿敵。新羅和唐朝都沒有能力單獨消滅百濟或高句麗，因此它們只能聯合起來。有人認為唐朝的策略是「遠交近攻」，「打三國牌」；其實新羅也使用了同樣的策略，同樣打了唐朝的牌。在這方面，它們只能說是彼此彼此。

對於戰後利益的分配，早在戰爭開始之前，新羅和唐朝便已達成默契。新羅文武王十一年（671 年），文武王「致唐朝行軍總管薛仁貴書」中提到——

先王（指武烈王金春秋）貞觀二十二年（648 年）入朝，面奉太宗文皇帝恩勅：「朕令伐高麗，非有他故，憐

你新羅攝乎兩國，每被侵凌，靡有寧歲。山川大地，非我所貪；玉帛子女，是我所有。我平定兩國，平壤已南，百濟土地，並乞你新羅，永為安逸。」

（《三國史記》卷第七《新羅本紀》第七）

作為唐朝出兵的條件，唐朝希望得到「玉帛子女」，即百濟和高句麗的人口和財物；而作為新羅出兵的報酬，則新羅可得到「平壤以南」的「百濟土地」，以及一部分高句麗領土。非常引人注目的是，其中沒有提到平壤以北絕大部分高句麗領土的歸屬問題，而且這似乎根本沒有成為問題。

我們覺得，這是因為在當時唐朝的心目中，平壤以北的高句麗領土不過是「漢四郡」的遺地而已，本來就應該收歸中國所有（在唐朝調解高句麗與新羅的領土紛爭時，曾經提過這種想法。）（見《《三國史記》卷第二十一《高句麗本紀》第九寶藏王三年（644 年）唐使里玄奬之語》）而新羅似乎也有一種共識，並沒有提出任何異議。

因此，戰後利益的分配方案，只是就「平壤以南」作出的：玉帛子女歸唐朝，山川土地歸新羅；而且，以位於朝鮮半島東南端的慶州為中心發展起來的新羅，在當時既無野心，亦無能力統一並占據三國的全部領土，尤其是主要位於大陸的高句麗領土，所以也自然會以平壤以南和大同江一線為其願望的限度。新羅和唐朝的聯合陣線便建立在這個利益分割的共識之上。

問題是戰爭一旦開始，遠比新羅強大的唐朝，其慾望便開始膨脹了。唐朝和新羅聯軍滅亡百濟以後，新羅欲將百濟納入自己的版圖，唐朝卻不願履踐戰前的諾言，欲把百濟領土置於

自己的控制之下，而且似乎對新羅也開始產生了野心。新羅此時面臨著嚴峻的考驗，其舉動和決定將關係到它的生死存亡。因為，如果此時新羅和唐朝公開決裂，則新羅不僅完不成統一三國的宏願，本身也有可能遭到滅亡的命運；而如果新羅對唐朝一味讓步，則朝鮮半島的大部分亦將置於唐朝控制之下，新羅同樣不能完成統一的宏願和確保自身的安全。

在這種複雜和嚴峻的形勢下，新羅的所作所為，再次顯示出它那卓越的外交智慧。對於唐朝這個強大的盟友和對手，新羅採取了明軟暗硬、明讓暗爭的兩手方針；亦即在表面上聽從唐朝的意志和控制，但在實際上又展開爭城奪地的鬥爭。新羅的這種兩手方針，以滅亡高句麗為分界線，又可分為前後兩個時期：前期以軟和讓為主，以硬和爭為輔；後期以硬和爭為主，以軟和讓為輔。因為前期之際高句麗未滅，新羅不敢與唐朝公開決裂（其實唐朝亦是如此），不過舊百濟領土又不能不爭；後期高句麗已滅，可以和唐朝公開決裂（其實唐朝亦是如此），但是唐朝畢竟絕對強大，因而又不能做得太過分，像高句麗那樣自取滅亡。

比如，當唐朝和新羅聯軍滅亡百濟以後，新羅欲完全吞占百濟，唐朝卻希望保留百濟，以與新羅互相牽制，為此扶植百濟王子，並讓新羅與他盟會，發誓互不侵犯。這完全不是新羅的初衷，但是攝於唐軍的勢力，以及為了滅亡高句麗之大計，新羅還是作出了讓步。「盟令之事，雖非所願，不敢違勒。」（《三國史記》卷第七《新羅本紀》第七）在滅亡百濟和滅亡高句麗之間的七、八年間，新羅對唐朝可以說是一讓再讓，有時幾到了忍辱負重的地步。不過爭城奪地的實際軍事行動卻也是一天都沒有停止過。當然，其表面的矛頭只是指向「百濟殘餘

勢力」，而非直接指向唐朝，所以即使唐朝心裡不滿，卻也無可奈何。

而當唐朝和新羅聯軍滅亡高句麗對後，新羅便不必再擔心與唐朝公開決裂，於是遂對唐朝展開全面戰爭，並先後取得幾次重大的勝利。

戰爭從 671 年開始，一直進行到 676 年，朝鮮史上稱為「七年戰爭」。然而即使是在與唐朝的全面戰爭中，新羅在外交方面卻也仍保持了低調。文武王一邊傾全力與唐軍作戰，一邊又再三上表唐朝，表示謝罪，在對唐的態度上顯得無懈可擊，使唐朝不便再做得更為過分。如 675 年那一次──

> 王乃遣使，入貢，且謝罪。帝赦之，復王官爵。金仁向中路而還，改封臨海郡公。然多取百濟地，遂抵高句麗南境，為州郡。聞唐兵與契丹，鞨鞨兵來侵，出九軍待之。（《三國史記》卷第七《新羅本紀》第七）

新羅就這樣一手抓戰爭，一手抓外交，在戰爭中堅持不讓，在外交上保持低調，最終贏得了七年戰爭，達到了自己的目的。

當 676 年戰爭結束時，唐朝與新羅雙方的勢力，沿大同江一帶達致平衡。這其實本來就是雙方在戰前商定的結果，只是新羅不得不憑實力和外交爭取這一結果的實現。由於新羅又一次發揮了其外交智慧，勇於向其地緣政治命運挑戰，因而它再一次取得了勝利。

此後遂一直維持了這個局面。而且到了 735 年，為報答新羅遵命發兵，從南面進攻渤海國之功，唐朝遂正式承認了新羅

對於大同江以南土地的所有權。新羅在其地置三州，於舊百濟地置三州，並自己原有之三州，共為九州。至此，新羅遂真正完成了朝鮮半島的統一，在朝鮮半島上初次形成一個統一的版圖。原高句麗的部分遺民和百濟的全部遺民也融合為新羅居民，促進了統一的朝鮮民族之形成。

統一後的新羅與唐朝一直保持了和平友好關係，並從唐朝那兒接受了燦爛的中國文化，發展出新羅燦爛的民族文化。「以至誠事中國，梯航朝聘之使相續不絕。常遣子弟，造朝而宿衛，入學而講書，於以襲聖賢之風化，革鴻荒之俗，為禮義之邦。」（《三國史記》卷第十二《新羅本紀》第十二）統一之新羅的文化，與日本的奈良、平安文化，以及中國大陸的唐朝文化一起，構築了七至九世紀東亞漢文化圈的全盛壯景。

後來的朝鮮史家往往指責新羅「未敢統一三國的全部領土和居民」，並認為這是「引進唐朝勢力」的結果。不過，我們認為這不是歷史的看法。如果不與唐朝結成聯盟，新羅根本不可能單獨消滅百濟和高句麗，並占有其全部領土和居民。不僅新羅做不到這一點，百濟和高句麗也做不到這一點。

正是因為認識到了這一點，所以新羅的歷代國王才這麼重視對唐朝的外交關係。在當時的情況之下，新羅已經盡了它最大的努力，發揮了它最大的智慧。它一邊利用唐朝的力量消滅百濟和高句麗，一邊又頑強不息地從唐朝手中奪取對朝鮮半島的支配權；一邊毫不畏懼地與唐朝作戰，一邊又在外交上施展巧妙的手腕。可以說，正是因了新羅的努力和智慧，才有了統一的朝鮮半島和朝鮮民族。而且，正如有的學者所指出的，「從當時新羅的國力來看，如果其勢力分散到舊高句麗全域，三國統一後的守成是可能的嗎？本來作為以位於朝鮮半島東南

端的慶州為中心發展起來的新羅，自然會到大同江一線為限度。」[4]這才是實事求是的看法。

金庾信與文武王

在慶州郊外，散布著無數座王陵，裡面埋葬著新羅千年歷史上的歷代國王。然而，在慶州的西北郊，卻有一座新羅將軍的墳墓，在眾多的王陵中顯得相當突出。那就是為統一三國立下汗馬功勞的金庾信將軍之墓。

金庾信是新羅歷史上，也是整個朝鮮歷史上，最富傳奇色彩的人物之一。他的事蹟載於《三國史記》和《三國遺事》等史書中，也流傳在老百姓的口頭和殘留在他們的心裡。

在他一生的行蹟中，我覺得最有意思的是他對唐朝軍隊的態度。在與唐朝軍隊協同作戰時，他曾積極主動地加以配合；在唐朝軍隊遭遇困難時，他又曾忍辱負重地給予支援；而當唐朝軍隊流露出進攻新羅的野心時，他又毫不猶豫地主張予以攻擊。在他對唐朝軍隊的這種態度中，典型地表現出新羅外交智慧的一個側面。

唐朝與新羅聯軍滅掉了百濟以後，形勢開始產生了微妙的變化。對於人數多達十三萬的唐朝軍隊來說，似乎趁勢進攻新羅理當易如反掌。面對這種嚴峻的形勢，金庾信表現得十分堅定、果敢──

---

❹ 姜在彥：《朝鮮的歷史與文化》，大阪書籍，一九八九年，大阪，第七十四頁。

唐人既滅百濟，營於泗沘之丘，陰謀侵新羅。我王知之，召群臣問策。多美公進曰：「令我民詐為百濟之人，服其服，若欲為賊者。唐人必擊之，因與之戰，可以得志矣！」庾信曰：「斯言可取，請從之。」王曰：「唐軍為我滅敵，而反與之戰，天其佑我耶？」庾信曰：「犬畏其主，而主踏其腳則咬之。豈可遇難而不自救乎？請大王許之？」唐人謀知我有備，虜百濟王及臣僚九十三人，卒二萬人，以九月三日自泗沘泛船而歸，留郎將劉仁愿等鎮守之。定方即獻俘，天子慰藉之曰：「何不因而伐新羅？」定方曰：「新羅其君仁而愛民，其臣忠以事國，下之人事其上如父兄，雖小，不可謀也。」

（《三國史記》卷四十二列傳第二《金庾信傳》中）

　　金庾信的「犬畏其主，而主踏其腳則咬之」一語，表現新羅對唐朝柔中有剛的態度，堪稱典型與形象。蓋「犬畏其主」者，承認小國不得不順從大國的現實處境；而「主踏其腳則咬之」者，則堅持小國在受到大國侵犯時，應該毫不猶豫地予以反擊。這正是在整個戰爭期間，新羅對唐朝之外交政策的典型表現，也是新羅挑戰地緣政治命運之智慧的形象寫照。新羅的這種「犬畏其主，而主踏其腳則咬之」的智慧也為後來的歷代王朝所繼承，成為它們保存下來，並保持獨立的重要原因。正是在金庾信身上，我們看到了新羅的智慧，乃至整個朝鮮半島之智慧的一個縮影。

　　《三國史記》的金庾信本傳，最後評論金庾信的為人，如此寫道——

雖有乙支文德之智略，張保皋之義勇，微中國之
書，則泯滅而無聞；若庾信，則鄉人稱頌之，至今不亡。
士大夫知之可也，至於蒭童牧豎亦能知之，則其為人也，
必有以異於人矣！

　　　　　　（《三國史記》卷四十三列傳之《金庾信傳》下）

　　我想這正說明了，金庾信是真正代表朝鮮的民族英雄最典
型地體現了朝鮮民族的智慧，最鮮明地反映了朝鮮歷史的性
格；而像乙支文德那樣的英雄，雖然能勇敢地抗拒大國的侵
略，卻不能利用智慧來保存自己的國家，有剛而缺柔，有勇而
缺智，所以終遜智勇雙全、剛柔兼濟的金庾信一籌，並在老百
姓的心目中留下不同的印象。

　　具有和金庾信相似的智勇雙全和剛柔兼濟之品質的，還有
新羅文武王金法敏。文武王母金氏乃是金庾信之妹，因此他和
乃舅頗有相似之處。他在位的二十年間，正是新羅與唐朝明合
暗鬥，爭奪對舊百濟和大同江以南高句麗領土控制權的時期。
文武王一面在軍事上不惜與唐朝爭城奪地，一面在外交上又不
辭對唐朝納貢稱臣，同樣發揮了那種「犬畏其主，而主踏其腳
則咬之」的智慧。他最終贏得了七年戰爭，占據了大同江以南
的全部土地，為統一的朝鮮半島奠定了基礎。因此之故，可以
說他也是一個不亞於金庾信將軍的民族英雄，一個智勇雙全和
剛柔兼濟的國王，一個體現了新羅和朝鮮半島之智慧的人物。

　　781 年，文武王在完成了統一半島的大業後去世，臨終之
前留下一個奇異的遺言：他要人們把他埋葬在東海（日本海）
中的一塊大礁石上，而不是像其他國王那樣埋葬在慶州的郊

外。據說，人們把他葬在大礁上後不久，他就化為巨龍，騰空飛去，只剩下那塊大礁石還留在海中。現在這塊大礁石已成了一處名勝，人們把它喚作文武王海中陵。

有一年秋天，我前往海邊，看到這塊著名的大礁石，在蔚藍的海中顯得黑骨崚嶒。我再次想起那個一直縈繞在我心頭的問題：為什麼是新羅而不是百濟或高句麗完成了統一三國的宏業？在文武王海中陵前我似乎找到了答案：那是因為百濟和高句麗缺乏新羅那種對付大國的智慧，也缺乏像文武王和金庾信這樣智勇雙全和剛柔兼濟的人材。

Chapter 3

周旋在各色朝代
周邊地緣的外交智慧

經過九、十世紀之交，短暫的後三國時代的分裂，十世紀初，高麗王朝重新統一了朝鮮半島。高麗王朝的統治持續了近五個世紀（918～1392 年），其間整個朝鮮半島基本上保持了統一。因此雖然地緣政治環境一如過去的三國時代，但是高麗王朝卻不必遭受過去的三國所經歷過的煩惱，即怎麼結交大陸王朝來對付其他兩個國家。然而，現在高麗王朝的煩惱來自另一個方面，那就是近五個世紀中大陸政治形勢的劇變。

在高麗王朝統治的近五個世紀中，大陸上先後交替或同時並列了許多王朝，如五代十國、北宋、遼、南宋、金、元和明等等。大陸政治形勢的每一次劇變，都給高麗王朝帶來或大或小的影響。尤其是曾經占據大陸北方的遼、金、元、明各朝，由於直接和高麗王朝接壤，因此對高麗王朝的影響更為直接。其中遼、金、元各朝在其上升擴張時期，都曾抱過染指朝鮮半島的野心，程度不等的侵略過高麗王朝。如此複雜多變的國際形勢，給予高麗王朝以不同以的新考驗。然而高麗王朝繼承了

新羅那種對付大國的智慧，即一邊在外交上俯首低眉，一邊在軍事上絕不讓步，同時又發展出一種新的智慧，即利用大陸並列各王朝之間的矛盾，讓它們互相牽制，以減輕自己的壓力，從而躲過一波又一波驚濤駭浪，最終保存並發展了自己，成為不利的地緣政治環境中又一個成功的挑戰者。

對遼（契丹）外交

契丹早於高麗十一年立國（907 年），早期雙方邊境不相接壤。但自十世紀上半葉，契丹滅掉渤海（926 年）並征服女真以後，開始與高麗接壤，於是兩國之間遂開始發生了外交關係。

不過，高麗與契丹的關係，從一開始就不太美妙。在高麗統一朝鮮半島之前，契丹和後百濟的關係較為密切。927 年，契丹使團訪問後百濟時，曾提議與後百濟夾攻高麗。高麗也不甘示弱，主動發展與後唐的關係，933 年正式受後唐冊封，並行後唐明宗長興年號。當然這大抵是名義上的，主要是為了牽制契丹後方，並與後百濟的聯契丹行動相對抗。高麗因而在統一戰爭中，未曾遭到契丹的攻擊，儘管其時契丹已滅亡渤海國。

高麗統一朝鮮半島以後，繼續保持同五代的良好關係，歷受後晉和後周冊封，並行其年號；而同時多次拒絕了契丹的通好需求。比如 942 年那一次。

契丹遣使來，遺橐駝五十匹。王以契丹嘗與渤海連

和，忽生疑貳，背盟殄滅，此甚無道，不足遠結為鄰，遂絕交聘。流其使三十人於海島，繫槖駝萬夫橋下，皆餓死。（《高麗史》卷二世家卷第二太祖二）

高麗不願與契丹通好，固然有正史上的宿因，但也有文化上的隔閡。高麗承自新羅，文化水準已相當高；而契丹草創蒙昧，在東亞漢文化圈中尚不足為數。這一點，在高麗王朝的創建者、高麗太祖王建（918～943 年）的臨終（943 年）訓要中，表現得十分明確——

契丹是禽獸之國，風格不同，言語亦異，衣冠制度，慎勿效焉。（《高麗史》卷二世家卷第二太祖二）

其實，契丹語與朝鮮語同屬阿爾泰語系，民族系統上也應相當接近，太祖王建的說法自是以當時漢文化圈的共同價值觀為基準的。

北宋建立以後，高麗為了牽制契丹，主動遣使通好北宋。北宋建立的第六年（962 年），高麗即遣使如宋。翌年接受北宋冊封，並行北宋年號。北宋為伐遼，亦樂於接近高麗。契丹遭北宋進攻，採取守勢，故亦對高麗採取和平姿態，只是高麗不願置理。

然而，高麗與北宋通好，只是為了牽制契丹，確保自己的和平與安全，並不真的想幫助北宋去進攻契丹。因此，985年，當北宋提議夾攻契丹時，高麗未予置理。

以上可以說是高麗與契約外交關係的第一階段。在這個階段，高麗對契丹敬而遠之，既不想與之交好，不想與之交惡。

在北宋與契丹的戰爭中，保持超然局外的態度；同時又意識到契丹的威脅，努力發展同北宋的關係，以在戰略上牽制契丹。在這個時期的外交政策方面，可以看出高麗利用大陸各王朝間的矛盾以保護自己安全的智慧。

但是，986 年北宋第三次伐遼失敗以後，形勢轉為對遼有利，遼遂得以騰出手來，處理自己的後方事務。993 年，契丹第一次入侵高麗，高麗屈服稱臣，翌年始行契丹年號。但彼時心裡尚未服氣，故於同年遣使赴北宋乞師。然而北宋三次伐遼失敗，已經元氣大傷，加上第三次伐遼時，高麗拒絕出兵配合，宿憾在心，故亦婉拒了高麗的要求。高麗遂斷絕與北宋之關係，一意稱臣事遼。996 年，受遼之冊封。但是後來 1010 年，由於高麗與女真關係上的問題，契丹為幫助女真，乃第二次入侵高麗。高麗一面堅持抵抗，一面不斷乞和。

此後直到 1018 年，契丹第三次入侵高麗，高麗與契丹的形勢一直很緊張。為此高麗再次接近北宋，1014 年和 1015 年，連續遣使北宋，「告契丹連歲來侵」，希望借助北宋的力量，牽制契丹的進攻。

可是其時北宋正值「澶淵之盟」簽訂，與遼保持著和平關係，不願為高麗破壞這種關係，因此婉言拒絕。1018 年，契丹第三次入侵高麗，在軍事上遭受重大挫折。高麗利用有利形勢，於 1020 年遣使如契丹，「請稱蕃，納貢如故。」1022 年接受契丹冊封。自是兩國又恢復和平關係，直到遼亡以前，維持了將近一個世紀。

以上可以說是高麗與契丹外交關係的第二階段。在這個階段，高麗已不能再超然於局外，不得不捲進與契丹衝突的漩渦。然而在這個時期的外交方面，高麗同樣表現出它的智慧，

那就是面對強鄰入侵，一面在軍事上作拚死抵抗，一面在外交上不斷乞和稱臣。而無論是拚死抵抗抑是乞和稱臣，都只是為了保持自己和維持獨立。即使是對於自己一向看不起的「禽獸之國」，即使正在軍事上取得了若干勝利以後，從整體的力量對比及長遠的相互關係考慮，還是能夠和願意乞和稱臣。

這種外交上的現實性和靈活性，著實令人驚歎和敬佩。同時，即使是已經納貢稱臣，但只要對方前來入侵，威脅到自己的生存和獨立，則還是奮起反抗。這種不屈不撓的精神也同樣令人驚歎和敬佩。這是新羅曾經使用過的老智慧，但在高麗所處的新的國際環境中，又被高麗作了新的發揮，並一直影響及於後來。

由於高麗既拚死抵抗，又納貢稱臣這兩手戰略的成功，使高麗此後得到了寶貴且長久的和平，發展出高麗文化的黃金時代。當時，在遼和北宋之間，也維持了長久的和平關係。因此，十一世紀的東亞漢文化圈，又一次迎來一個光輝的時期。

對金（女真）外交

高麗王朝建國之初，女真尚未形成國家，而處於部落狀態，對高麗行朝貢之禮。雖然時而也有一些麻煩，但大致保持了和平關係。這種關係一直持續到十二世紀初，金國崛起時為止。正如《高麗史》所說的——

> 其地西直契丹，南直我境，故嘗事契丹及我朝。每來朝，以麩金、貂皮、良馬為贄，我朝亦厚遺銀幣。歲常

如此。（《高麗史》卷十四世家卷十四睿宗三）

但是，至金建國前後，與高麗的戰事漸多，對高麗的態度亦生變化。面對力量關係的微妙變化，高麗對金的外交政策也一再加以調整，在短短十餘年間，審時度勢，完成了從視其為朝貢之邊民，至對其納貢稱臣的逆轉。

1116 年，高麗首先放棄了已持續了近百年的事遼，因為飽受女真侵壓的遼已經今非昔比，奄奄一息了——

　　中書門下奏：遼為女真所侵，有危亡之勢，所稟正朔不可行。自今公私文字，宜除去天慶年號，但用甲子。從之。（《高麗史》卷十四世家卷十四睿宗三）

這樣敏感於國際形勢變化的明智之舉，在朝鮮半島各王朝的歷史上曾經一而再發生。而最近的一次，則是在一個世紀前，中日甲午戰爭後不久發生的。這也可以說是高麗王朝，乃至朝鮮半島外交智慧的表現之一。

1117 年，金主完顏阿骨打寄書高麗王，自稱為「兄大女真金國皇帝」，稱高麗王為「弟高麗國王」，正式宣布兩者關係已經發生逆轉。過去是：「自我祖考，介在一方，謂契丹為大國，高麗為父母之邦，小心事之。」而現在則是：「惟王許我和親，結為兄弟，以成世世無窮之好。」（《高麗史》卷十四世家卷十四睿宗三）對金來說，高麗已從「父母之邦」轉為「兄弟之國」；對高麗的關係，也從「小心事之」，轉為「世世無窮之好」。這是當時隨著金的崛起，雙方力量對比發生變化的結果。

到 1119 年，形勢進一步發生變化，金主的致書已自稱「詔書」，口氣也變為「詔諭高麗國王」。同年，高麗國王遣使修聘於金，書中有「況彼源發乎吾土」之語，亦即兩年前金主致書中「高麗為父母之邦」之義。但僅僅時隔兩年，金便已不承認這一點了，因而拒收高麗國書（《高麗史》卷十四世家卷十四睿宗三）。與此同時，高麗「增築長城三尺。」（同上）加緊對金備戰。

1125 年，金滅遼。高麗國王致國書於金主，「金以國書非表，又不稱臣，不納。」（《高麗史》卷十五世家卷十五仁宗一）是時，兩國關係，在金看來，已經由兄弟關係轉而為君臣關係了。

在金的步步緊逼之下，1126 年，高麗王朝內部就對金的關係問題，展開了激烈的爭論。爭論的結果，審時度勢派占了上風，高麗遂決定稱臣於金。

> 召百官議事金可否。皆言不可。獨李資謙、拓俊金曰：「金昔為小國，事遼及我；今既暴興，滅遼與宋，政修兵強，日以強大；又與我境壤相接，勢不得不事。且以小事大，先王之道。宜先遣使聘問。」從之。
>
> （《高麗史》卷十五世家卷十五仁宗一）

李資謙、拓俊金二人均為當時權臣，他們的事金主張授人以柄，遂導致二人後來的倒台；但是以當時的國際形勢來看，他們的判斷卻無疑是正確的，不僅對高麗與金之力量對比的變化深為洞達，而且其建議本身也符合高麗事遼以來的傳統，所以儘管他們二人為此倒了台，但是他們提出的事金政策卻被繼

承下去。後來高麗與金關係一直保持了和平，事實上也證明了他們的決策之明智與正確。（後來妙濤之亂，曾以反對對「蠻人」女真的「事大」為理由。不過他們的反叛沒有能夠成功，所以最終未能影響高麗的國策。）

在決定了對金稱臣以後，高麗還為此舉行了儀式，讓神明判斷這個決定是否正確。

> 遣李之美告大廟，筮事金可否。其文曰：「惟彼女真，自稱尊號。南侵皇宋，北滅大遼。取人既多，壞境亦廣。顧惟小國，與彼連疆。或將遣使講和，或欲養兵待變。稽疑大筮，神其決之。」
>
> （《高麗史》卷十五世家卷十五仁宗一）

史書未曾明載此次卜筮的結果，但以高麗不久即遣使如金稱臣上表來看，神明也應是同意高麗的事金決策的。於是兩國的君臣關係遂正式確定，一如過去事遼舊制。1142 年，高麗國王受金冊封。同年，始行金星統年號。而即在前一年末，宋金達成「紹興和議」。東亞大陸遂再次得到近百年的和平。

對於一個以前的附庸，以及文化上的後起者，由於力量對比發生了變化，不得不轉而俯首稱臣，這在高麗人的心理上自然極不好受，不能不說是一個刺激。這樣難堪的情形，對朝鮮半島的人民來說，碰到的不僅是這一次。前此則有對遼的稱臣，後此則有對元的稱臣，以及朝鮮王朝對清的稱臣。即使面對後來的日本殖民統治，由於朝鮮民族一向自認為在文化上比日本民族更為先進，因此其時也有同樣的心理狀態。

然而，高麗王朝的智慧卻表現在：儘管對金稱臣是如此令

人難堪，但是為了保存自己的國家，它還是拉下面子這麼做了。它用忍受心理上的屈辱為代價，換來領土的完整和持久的和平。比諸那些因堅持抵抗而滅亡的王朝，高麗王朝的做法不能不說是更為聰明的。這可以說是對其早期事遼之智慧的一個發展，也可以說又一次成功地挑戰了其地緣政治命運。

對北宋外交

　　為了牽制禽獸之國契丹，還在北宋建立之初，高麗就遣使通好（962 年），並受北宋冊封，行北宋年號（963 年）。此後三十年來，雙方使臣往來不絕。高麗對北宋持名義上的臣屬關係，還經常派人入北宋的國子監留學。

　　但是，儘管高麗想要利用北宋牽制契丹，但卻並不想為了北宋而得罪契丹。所以當北宋於 985 年為第三次伐遼，遣使諭高麗合兵攻契丹時，「王遷延不發兵。」（《高麗史》卷三世家卷第三成宗）大概為此引起北宋的不滿，所以當 994 年，為契丹侵略高麗事，高麗遣使赴北宋乞師時，亦遭到北宋的婉拒。為此高麗斷絕了與北宋的外交關係。雖然此後也有過若干次恢復關係的嘗試（如 1016 和 1018 年，正逢契丹第三次入侵高麗，高麗曾又一次行北宋年號），但北宋已不願為高麗而破壞與遼的和平關係，而高麗也於 1020 年起向契丹正式稱臣，故雙方的正式外交關係一直未能完全恢復。

　　當然，儘管雙方沒有正式的外交關係，高麗卻也不願完全得罪北宋。因此只要有機會，它還是會拉攏與北宋的關係。比如 999 年那一次，高麗「遣吏部侍郎朱仁紹如宋。帝特召見。

仁紹自陳國人思慕風華，為契丹所劫制之狀。帝賜詔賞還。」
（《高麗史》卷三世家卷第三穆宗）這裡有真實的成分，但無疑
也有策略的因素。又如 1076 年那一次，宋遣使節往高麗，受
到高麗的熱情歡迎。（《高麗史》卷九世家卷第九文宗三）高麗
還經常派人往宋留學，如 1115 年就曾派進士五人入宋太學。
（《高麗史》卷十四世家卷第十四睿宗三）高麗盡可能不得罪北
宋，只是為了不給自己添麻煩。

　　不過，在處理與北宋的關係上，高麗做得非常小心謹慎，
留意不給予契丹以任何不滿的藉口。比如 1058 年，高麗國王
想要通使於北宋，卻為有所顧慮的臣下所勸阻，其理由正是怕
引起契丹的猜忌。

　　　　王欲於耽羅及靈岩伐材造大船，將通於宋。內史門
　　下省上言：「國家結好北朝，邊無警急，民樂其生，以此
　　保邦，上策也。昔庚戌之夢，契丹問罪書云：『東結構於
　　女真，西往來於宋國，是欲何謀？』又尚書柳參奉使之
　　日，東京留守問南朝通使之事，似有嫌猜。若洩此事，必
　　生釁隙……況我國文物禮樂，興行已久，商舶絡繹，珍寶
　　日至，其於中國，實無所資。如非永絕契丹，不宜通使宋
　　朝。」從之。（《高麗史》卷八世家卷第八文宗二）

　　1103 年，北宋遣使高麗，詢問在隔了一百多年後，高麗
是否還打算受北宋冊封，亦即建立正式的外交關係。但此事亦
為高麗所堅拒，主要也是怕得罪契丹。

　　　　先考以當國地接大遼，久已稟行爵命正朔，所以未

敢遵承上命，以實懇辭。

（《高麗史》卷十三世家卷第十三睿宗二）

北宋不得已，只能作罷；不僅作罷，還討好有加。後來於1123 年，北宋看到遼已不支，又向高麗重提這一建議，但仍為高麗所婉拒，蓋因金已在北方興起。

遼亡於金之後，金對北宋構成極大威脅。1126 年，北宋傾覆前夕，宋欽宗曾致書高麗國王，指責他未能配合北宋與金作戰。但高麗並不欲以卵擊石，且此前剛決定對金稱臣，故仍婉拒了北宋的要求。答書大意云：連宋這麼一個大國尚且向金求和，遣使臣到金，待金如前遼故事，何況高麗區區小國乎？故不得不遣使與金修好。如果真要一起攻金，則待宋軍臨壓金境，這裡再出兵不遲，云云。（《高麗史》卷十五世家卷第十五仁宗一）不久，北宋亡於金，而高麗則以及時對金稱臣，幸運地保存下來。

綜觀高麗與北宋的關係，先則通北宋以牽制契丹，後乃絕北宋以專意事遼；通北宋時並不盲目為北宋出兵，絕北宋時也不做得過分；在文化上向慕北宋，在外交上又保持距離；在外交上可以低聲下氣，但在實質上絕不累及自己；一切以本國的安全為中心，故先契丹和金而向北宋。可見高麗周旋於大陸南北各王朝之間，頗為得心應手和游刃有餘。其外交政策的現實性和機敏性，足以讓人留下深刻印象。

對南宋外交

在對南宋的關係方面，高麗也一仍舊貫，始終讓其服從於對金關係，在外交辭令上卑詞有加，但在實質上則敬而遠之。這是因為和北宋相比，南宋更遠處江南，既不能直接威脅高麗，也不能有助於高麗。高麗不僅自己不主動去通好南宋，而且對南宋的示好也常加拒絕。這是因為它根本不想惹事生非，為此而得罪金朝；而且也因為它對南宋心懷疑慮，怕南宋對它別有用意。

1128 年，宋高宗要求高麗國王允許宋信使假道高麗，去金國迎宋徽、欽二帝。但是高麗一口拒絕了這個提議，其理由婉轉，然而有力——

> 然女真之始也，分居部落，未有定主，故嘗臣屬我國，或隨我使人入貢上國。此後漸致強盛，常為邊患。近者陷沒大遼，侵犯上國。自此兵威益大，抑令小國稱臣。仍約定禮數，一依事遼舊例，小國不得已而從之。然其俗好戰，常疾我東率上國，近於疆界修葺城壘，屯集兵士，意欲侵陵小國。如聞使節假道入境，必猜疑生事。非特如此，必以報聘為名，假道小邦，遣使入朝，則我將何辭以拒？苟知海道之便，則小國之保全難矣，而淮南、兩浙緣海之地，得不慮其窺覦耶？苟為不然，小國豈敢恬不從命！（《高麗史》卷十五世家卷第十五仁宗一）

既為本國設想，又為南宋設想，其理由是充分的，立場也是堅定的，故南宋只能作罷。顯而易見，高麗不願因為這樣的

舉動，予金以任何找麻煩的藉口。

1135 年，高麗西京（今平壤）發生了妙濤之亂，當時南宋正處於自顧不暇之際，卻派使者去對高麗說，「近聞西京作亂，倘或難擒，欲發十萬兵相助。」此「善舉」受到高麗的猜疑，被斷然予以拒絕。「公特遣使問助兵可否，雖上感大朝字小之意，但理有不便，難以承當。況海洋萬里，險不可測；天兵東下，恐非便宜。所下指揮，乞行追寢。」（《高麗史》卷十六世家卷第十六仁宗二）

高麗對南宋的提議，不能不心懷警惕，這可能是吸取了新羅的教訓，所以說「理有不便，難以承當。」而後面的「況海洋萬里」云云，則更幾乎是警告了。從這件事來看，高麗在對南宋關係上，不僅怕引起金的猜疑，對南宋本身也心存警惕。

翌年（1136 年），高麗國王又派使者到明州，託其帶信給宋高宗。其中引人注目地提到，南宋曾提議假道高麗伐金，而高麗又一次予以嚴拒。

> 而與金國疆域相接，不得已請和……若微我為之藩屏，則淮浙之濱與金為鄰，固非上國之利也。又上國因興師取道於我，則彼亦由此以行，然則沿海諸縣，必警備之不暇矣！頃楊尚書至，只欲與彼講好，非有兵革之事，尚不能副稱使旨。至今舉國待罪者，豈有他哉？其勢如前所陳耳。伏望執事熟計之，無使小國結怨於金，上國亦無唇亡齒寒之憂，幸甚！
>
> （《高麗史》卷十六世家卷第十六仁宗二）

高麗迫於金國壓境，根本不願與宋聯手，而只能採取中立

態度，其夾處兩強之苦衷，在此說得很明白；此舉對南宋的利害關係，也陳說得相當透徹。態度軟中帶硬，立場堅定不移，陳說又通情達理，表現出高超的外交藝術。對此南宋也只能付諸無可奈何，把責任推到使臣身上，「至興兵應援，假途覦征，皆敦禮等專業之辭，非朝廷指授，宜深見諒，無致自疑。」（同上）高麗又一次巧妙解決了外交上的麻煩。

從下面這件事來看，高麗對南宋的猜疑也許不是空穴來風。1148 年，高麗王朝內部，有人想利用宋朝的力量，推翻高麗王朝。結果陰謀敗露，未能成功。

> 初，李深、智之用與宋人張喆同謀，深變名稱東方昕，通書宋太師秦檜，以為若以伐金為名，假道高麗，我為內應，則高麗可圖也。之用以其書及柳公植家藏高麗地圖，附宋商彭寅以獻檜。至是，宋都綱林大有得書及圖，來告。囚喆、深、之用於獄，鞫之，皆伏。深、之用死獄中，喆伏誅，其妻皆配遠島。
>
> （《高麗史》卷十七世家卷第十七毅宗一）

這是一次被挫敗的陰謀。從其前後過程來看，似乎是南宋有意洩露給高麗的，其原因不外乎這個陰謀太不現實，簡直不可能實現，還不如不洩露給高麗為好。不過，既然有人會想出這種陰謀，則高麗對與宋合兵攻金的提議自不會不持懷疑態度，對南宋也不能不持有警惕。

總而言之，也許南宋一直想拉攏高麗，以便從背後牽制金，迫使金有後顧之憂；可是出於對金的顧忌，也出於對南宋的猜疑，高麗從來沒有答應過南宋的要求，更不要說真正有所

動作了。也許正由於高麗外交政策的得當，才使它一直與金和南宋保持了和平。

對元（蒙古）外交

十三世紀初，蒙古在大漠中興起，開始了其擴張活動。東亞大陸維持了近一個世紀的和平，在蒙古軍隊的鐵蹄聲中開始崩潰。朝鮮半島也不能例外，再次受到大陸風暴的襲擊，朝鮮人民的命運再次受到嚴峻的考驗。

高麗對於蒙古，最初也採取強硬態度；但是眼看力量不夠，便轉而求和稱臣。高麗王朝的打算，是像以前對遼、金那樣，再次以形式上的納貢稱臣關係，保持自己的安全和獨立。然而，這一次卻顯然行不通了，因為蒙古的胃口要比遼、金大得多，它並不滿足於高麗的納貢稱臣，而是要完全征服和支配朝鮮半島。對高麗來說，它可以接受名義上的恥辱，卻不能失去實質上的自主，因此，對蒙古的野心是完全不能接受的。在雙方不同的目的之下，從 1231 年到 1259 年，蒙古人入侵高麗達六次之多，雙方戰戰和和，亦長達二十八年之久。在抵抗蒙古的侵略方面，高麗人民表現出極大的勇氣和智慧。

其中，在高麗和蒙古戰戰和和期間，高麗王朝的遷居江華島，可以說再一次表現出高麗人民智慧的一個典型例子。江華島位於漢城（目前已更名為「首爾」）西北和開城西南，與本土只有一水之隔。但對於騎馬民族蒙古來說，這卻無異於是一道天塹，足以阻擋他們那在大陸上所向披靡的鐵蹄。

於是，在當時的東亞抗蒙史上，便出現了這樣的奇觀：一

方面，蒙古軍隊長驅直入朝鮮半島，蹂躪了大半個半島及其居民，一部分地區還落入蒙古人之手，被編進蒙古的行政區劃，當地的人民缺乏中央的領導，只能自發地組織抵抗活動；但在另一方面，江華島上卻維持著高麗王朝的中央政府，雖然已經失去對全國大部分地區的控制權，也不能組織起有效的抗蒙活動，但是在名義上卻使高麗仍保持了獨立。由於不能消滅躲在這個離島上的朝廷，蒙古遂不能徹底征服朝鮮半島。

最後，大概連蒙古也厭倦了這種戰戰和和的局面，遂在其東亞征服史上，破天荒地承認了高麗王朝的繼續存在，給高麗以半獨立的特殊待遇。高麗王朝則對蒙古稱臣納貢，並承認蒙古對高麗的半占領和半統治。高麗既未能像過去對遼、金那樣，保持實質上的完全獨立；但也不像大陸上的西夏、金和南宋那樣，被徹底地征服和滅亡。至少在形式上保存高麗王朝的好處是，當下個世紀中葉蒙古勢力開始衰落以後，高麗王朝可以很方便地恢復行使其全部主權。

所以，儘管很多歷史學家批評當時高麗王朝避入江華島的行為，但是我們卻覺得，這是當時在所向披靡的蒙古鐵騎之下，朝鮮半島保持自己獨立的一個最聰明的做法，而且其事實上達致的效果也是眾所周知的。在當時東亞被征服的國家中，高麗可以說是一個碩果僅存的例子。

我憑弔過江華島上高麗王朝留下的遺跡。我很驚訝那一道在今天看來不太寬的海水，竟能在幾十年間阻止蒙古軍隊的進攻，並在蒙古妥協之前保護了高麗王朝的中央政府。由此也聯想到僅與朝鮮半島一海之隔的日本，由於相隔的海面有為寬闊得多，因而終能避免受到蒙古風暴的襲擊。騎馬民族縱橫歐亞大陸，卻受阻於這區區一水。歷史確是讓人感慨不已，高麗王

朝的急智也讓人頓生同情。

1259 年，高麗與蒙古達成協議，高麗國王親朝蒙古，蒙古則保留其地位。此後近一個世紀，高麗與蒙古保持了和平關係。自第二十五代忠烈王（1274～1308 年）起，至第三十代忠定王（1349～1351 年）止，歷代高麗國王都娶蒙古公主，成了蒙古的駙馬，王號前面都有「駙馬」字樣（如「駙馬高麗國王」），國王的稱號則都加「忠」字。其間麗蒙關係最好，有時還共同行動。比如 1273 年，麗蒙聯軍平定濟州島之別抄抗蒙義軍，1274 年和 1281 年麗蒙聯軍兩征日本等。高麗王朝再次發揮過去事遼、事金之故智，在處理與元關係方面頗得其利。

高麗王朝一邊對元恭順有加，一邊利用一切可能的機會，爭取自己的生存與自主權。比如 1281 年，忠烈王因為自己已尚蒙古公主，所以主動要求在王號前加「駙馬」二字。「先是，王奏曰：『臣既尚公主，乞改宣命，益「駙馬」二字。』帝許之。」（《高麗史》卷二十九世家卷第二十九忠烈王二）這當然是一種極為恭順的表現，足以贏得元帝的歡心。

但是從下面這件事來看，則高麗國王的爭取「駙馬」稱號，似乎也別有某種隱祕動機在內。翌日，「王與忻都、茶丘議事，王南面，忻都等東面。事大以來，王與使者東西相對；今忻都不敢抗禮。國人大悅。」（同上）高麗國王利用自己的「駙馬」頭銜，反而爭得了在元朝使者面前的尊嚴，並為整個高麗爭得了體面，這正是一個非常聰明的舉動。出現在元代中國文獻中的「高麗駙馬」，也常常被看作是非常尊貴的人物。

又如元朝為遠征日本，曾在高麗數建「征東行省」；又派來行政官員或使者，對高麗進行實際的統治。但是至少在名義

上，高麗還處於元朝和高麗王朝的「雙重領導」之下，所以對此現狀，高麗王朝也予以容忍了。不過，當有人想要在高麗建立行者，亦即如同其他地方的一般行政單位，把高麗完全變為元朝的一部分時，高麗王朝卻予以堅決的反對，以保持自己國體的獨立性。此事第一次發生在 1312 年——

> 元降制，令高麗勿置行省。初，洪重喜訴於中書，欲立行省。王以祖宗臣服之功奏之，故帝有是命。
>
> （《高麗史》卷三十四世家卷第三十四忠宣王二）

第二次發生在 1330 年——

> 郎將金天佑還自元，言朝廷據前征東行省左右司郎中蠻人蔣伯祥狀，議於東國將置行省。庚寅，王寄書太師右丞相曰：「……切念小邦，臣服聖朝，歲修職貢，百有餘年，未嘗小懈……世祖大加褒賞，即降聖訓，不改國俗，依舊管領。中統元年，詔諭安南國，有曰：『本國風俗，一依舊制，不須更改。況高麗比遣使來請，已經下詔，悉依此例。』……其後我之代祖忠烈王入侍輦下，釐降帝女，世叨甥舅之親。當其立諸處行省，獨於小邦不設。後因征日本，雖有名額，不拘常選……時有遼陽人重喜請立省小邦，天心赫怒，杖重喜，流遠方。方今伯祥挾恨飾辭，謀欲覆我宗國，不畏累朝聖訓。朝廷若從其說，小邦所以首先歸服，歲修職貢，不敢自以為功，其於累朝存卹之意何？其賜日本安南之詔何？又念小邦……地遠民愚，言語趨舍，婚姻風俗，不同中國……伏望……許土風

之不改，令祖業以相安……」遂寢立省議。

（《高麗史》卷三十六世家卷第三十六忠惠王）

這是關係到高麗國體獨立性的大事，所以高麗國王定要拚死力爭。從高麗國王的上書來看，高麗當初之臣服於蒙古，以及後來對蒙古的恭順，都只是為了保有自己的國家，是一種不得不付出的代價。而即使它已臣服於蒙古，在其內心深處，亦始終認為自己是一個獨立的國家，完全不同於元朝的大陸一部分。

高麗這種以屈服和恭順換來生存和獨立的方針，在下面這封於 1292 年致日本的勸降書中，表現得十分清楚——

> 我國元自祖先，臣事大元，其來尚矣。我父王再觀天庭，輒蒙聖獎。安保國家，恪謹侯度。予為世子時，繼父親朝。皇帝特垂寵渥，許尚公主，冊為駙馬，承襲宗器，不失國號，君臣、社稷、禮樂、文物、衣冠、名分，一切仍舊。百姓安堵，樂業安生，實輸誠事大故也。且宋朝軍民不為不多，金湯不為不固，不知有唐虞之大統，自大而不庭。皇帝親征，天兵奮至，宋之君臣，倉卒失措，遣使請哀……宋國執迷不悛，違命不朝。皇帝震怒，大發王師，討以失期……一旦傾覆，乃命設官置省，完護遺氏。亦貴國之所聞，殷鑒不遠。

（《高麗史》卷三十世家卷第三十忠烈王三）

其中當然充滿對元朝的吹捧和對歷史的歪曲，但是對於高麗的以「輸誠事大」來換取生存和獨立的國策，卻表白得相當

Chapter 3・周旋在各色朝代周邊地緣的外交智慧

清楚；而對於高麗和宋朝的不同做法所導致的不同結果，其對比也堪稱相當透徹。因而可以說，在其整個對元朝的關係上，高麗也發揮了與事遼和事金同樣的那種外交智慧，那就是不顧一切地保持自己的生存和獨立，為此則不懼付出各種各樣形式上的代價。

Chapter 4

從高麗王朝到朝鮮王朝：
地緣外交智慧的深化

　　從十四世紀末起，朝鮮王朝取代高麗王朝，開始統治朝鮮半島，一直到二十世紀初，也持續了五個多世紀（1392～1910年）。在這五個多世紀裡，中國大陸的王朝交替，只有由明入清的那一次，因此朝鮮王朝所面臨的大陸形勢，沒有高麗王朝所面臨的那麼複雜。可是有一些新的因素開始出現，對朝鮮的智慧激起了新的挑戰。

　　那就是日本崛起於東方，開始對朝鮮半島構成威脅。1592年，豐臣秀吉入侵朝鮮（朝鮮史上叫「壬辰倭亂」，日本史上叫「文祿之役」和「慶長之役」），對朝鮮半島造成極大的危害與震動。不過，和十九世紀末、二十世紀開始的日本對朝鮮的侵略相比，則「壬辰倭亂」又只能說是一次全面的彩排而已。

　　十九世紀末出現的另一個新的情況是，由於西洋文明東漸，以及日本帝國主義崛起，支配了東亞漢文化圈幾千年的中國開始失落了其領導權和影響力，東亞的國際秩序發生劇烈的

變動，日本和其他西洋列強追逐著新的支配權。朝鮮半島又一次處於風雨飄搖之中，只不過這次的風暴不是來自中國大陸，而是來自東面的日本，以及西面的西洋列強。

這種情況在朝鮮半島的歷史上還是第一次出現，它改變了朝鮮半島所處的地緣政治環境，使朝鮮半島的形勢更趨複雜化。這種新的情況也考驗著朝鮮民族的勇氣和智慧，迫使他們對自己的地緣政治命運作出新的挑戰。

在元、明之間

朝鮮王朝建立之初，首先面臨的外交問題自然是和大陸王朝，具體而言也就是明王朝的關係問題。也許可以說，正是由於妥善地解決了與明王朝的關係問題，這才打下了朝鮮王朝長治久安的穩固基礎，並在 1592 年的那次危機中挽救了朝鮮王朝。妥善地解決了與明王朝關係問題的朝鮮王朝，尤其是其開創者朝鮮太祖李成桂，可以說對於朝鮮民族的傳統智慧在新的形勢下作了新的發揮與創造。

高麗王朝末期，大陸的元、明王朝交替，高麗王朝也受到了影響。元朝勢力衰落以後，高麗馬上驅逐了元朝的官吏，收回了統治高麗的主權；但是一個多世紀以來事元的歷史，也在高麗王朝內部造就了一個親元勢力，它在感情上忠於元朝。於是圍繞著「忠於守舊」還是「樂於迎新」，高麗王朝內部經常發生意見分歧；表現在對元、明的外交政策上，也是一直搖擺不定。

明朝建立之初，高麗即曾遣使稱臣。但到 1372 年以後，

高麗的親元勢力抬頭，採取「親元疏明」的外交政策，明朝與高麗之關係因此不斷惡化。特別是 1374 年，明朝派往高麗的使臣，在回國途中被高麗護送官殺害，該護送官則逃往北元。這引起雙方關係的緊張。顯而易見，此時的高麗王朝昧於大陸政治形勢的劇變，已失去其外交政策的現實性和機敏性。朝鮮半島因此處於危機之中。

到 1388 年，危機發展到了頂點。保守派決定派四萬人馬進攻遼陽，明麗戰爭已如箭在弦上，一觸即發。當時朝廷內的改革派以及武臣李成桂的勢力看到了北元勢力最終滅亡，以及明王朝日益強大的趨勢，認為若與明朝交戰，不啻自取滅亡，所以他們主張與明朝修好，與北元斷絕關係。他們提議從遼東歸師，但是遭到國王和保守派的拒絕。於是身任攻遼部隊右軍都統使的李成桂迫使左軍都統使曹敏修聽從自己，從攻遼途中的威化島斷然歸師，在首都開城發動了一場軍事政變，驅走了原來的國王和保守派，同時向明朝提出和平建議，使雙方的緊張關係得以緩解。四年以後的 1392 年，以李成桂為國王的朝鮮王朝建立，與明朝交好遂成為朝鮮王朝的基本國策。

李成桂和改革派之所以會這麼做，主要是他們能夠認清當時東亞大陸的國際形勢。他們重新發揮過去歷代王朝曾經發揮過的外交智慧，採取了富於現實性和機敏性的外交政策。

在威化島回師之前，李成桂對諸將說：「若犯上國之境，獲罪天子，宗社生民之禍立至矣！」諸將響應他說：「吾東方社稷安危在公一身，敢不惟命！」（《高麗史》卷一百三十七列傳卷第五十辛禑五）是年，「復行洪武年號，襲大明衣冠，禁胡服。」而「時大明聞禑舉兵，將征之。帝欲親卜於宗廟，方致齋，及聞還軍，即罷齋。」（同上）一場迫在眉睫的大戰於

是得以避免，兩國人民遂亦得以維持和平安寧的生活。

　　李成桂建立朝鮮王朝以後，馬上派遣使臣入明通報，並向明朝表示忠順臣服之意，以此換取明朝的承認，從而奠定兩國關係的基礎。此後的朝鮮王朝歷代國王也都奉行事明政策，因此明朝與朝鮮王朝之間一直維持良好的關係。1592 年豐臣秀吉侵略朝鮮半島時，明朝還不顧自己國內的困難，派遣大軍協助朝鮮王朝抗倭，成為中朝友誼史上的佳話。在傳統東亞國際秩序的範圍中，當時明朝與朝鮮王朝之間的關係可說是中朝兩國歷史上最好的。

在明、清之間

　　十七世紀上半葉，女真族的後金開始勃興，對明朝形成了威脅，明與後金兩大勢力角逐大陸。是「忠於守舊」還是「樂於迎新」？這再一次讓朝鮮王朝陷於困境。

　　新崛起的後金，其目標是南下取代明王朝，並無意進入朝鮮半島。這在女真歷史上的金代便已經是如此了。所以在它興起之初，只希望朝鮮王朝保持中立即可。

　　但是朝鮮王朝稱臣納貢於明朝，而且剛剛在上個世紀末，明朝幫助它擺脫了一場危機。因此無論從宗屬關係上來說，抑是從同盟關係上而言，朝鮮王朝都應協助明朝，從後金的後方攻擊後金。明朝也確實要求朝鮮這樣做。

　　但是後金處於上升時期，其力量正日趨強大，如果貿然對它發動進攻，無異於以卵擊石。對於這一現實，朝鮮王朝亦知之甚悉。

一邊是欠明王朝的情，一邊是自身的安危，這就是後金於1618 年對明宣戰後，明朝要求朝鮮王朝出兵合攻後金時，朝鮮王朝所面臨的外交困境。

當時的國王光海君（1608～1623 年），在這時候表現得很聰明。他一邊任命刑曹參判姜弘立為王道（平安、黃海、京畿、忠清、全羅）都元帥，率領一萬三千餘人的軍隊，去與明朝協同作戰，一邊又給姜弘立以密令，讓他觀望後金與明的形勢，不要輕舉妄動而得罪後金。結果姜弘立投降了後金，從而避免了後金的報復；同時姜弘立的投降又像是個人行為，朝鮮王朝已經出兵配合明朝，對明朝也交待得過去了，明朝也不便再說什麼。

顯而易見，光海君清醒地判斷了當時的國際形勢，發揮了自高麗王朝以來的老謀略，執行了現實與機敏的外交政策，不讓對明朝所欠的情分，影響到朝鮮王朝自身的安危。

然而，光海君被推翻以後，西人政權卻改變了這一做法，採取了親明排後金的政策，斷絕了與後金的一切關係。結果招致後金的第一次入侵（1627 年）朝鮮史上稱：「丁卯胡亂」。朝鮮王朝不得不遣使求和，與後金締結了保證堅守中立的「兄弟之盟」。西人政權的做法顯然違背了自高麗王朝以來的傳統，昧於當時大陸上政治勢力的消長，讓對明朝所欠的情分，影響到朝鮮王朝自身的安危，所以一直受到後代朝鮮史家的批評，認為其外交政策缺乏「自主意識」。

1636 年，後金改國號為清，要求朝鮮國王持臣禮。歷史的過程在此顯示了驚人的相似之處：十一世紀初崛起的女真，對高麗王朝也是先持兄弟態度，後持君臣態度的。在女真要求高麗稱臣時，由於高麗及時做出了稱臣的決斷，所以免遭女真

入侵；但是這次後金要求朝鮮王朝稱臣，卻為朝鮮王朝所不加理睬，結果招致第二次進攻，朝鮮史上稱「丙子胡亂」。戰爭的結果是朝鮮王朝投降，對清王朝行納貢稱臣之禮。朝鮮王朝對清朝的納貢稱臣關係，一直維持到 1894 年中日甲午戰爭為止。

儘管在朝鮮王朝內部經常出現留戀明朝和厭惡清朝的感情和議論，儘管朝鮮王朝在文化上以「小中華」自居而看不起清朝，但是朝鮮王朝從來沒有讓這一切影響到其對清朝的實際外交關係，亦即從來沒有讓這一切影響到其外交政策的現實性和機敏性。

統觀大陸明、清易代之際朝鮮王朝的做法，可以說在總體上仍運用了高麗王朝以來的故智，那就是一切以本國的生存與安全為中心，為此不惜告別已經衰弱的舊宗主王朝，即使在感情上和文化上還很留戀它（以前高麗王朝對大陸各王朝，在一定程度上也是如此）；也不惜對新崛起的強盛王朝俯首稱臣，即使自己過去及在文化上看不起它（以前高麗王朝對遼、金、元的態度，在一定程度上亦是如此）；即使有過西人政權一度感情用事，但是其外交政策在總體上仍保持了它的現實性與機敏性。

不過，朝鮮王朝還是受到了兩次入侵。這也是在大陸上王朝交替之際，朝鮮半島經常遭到的命運。這宛如是一種時間差的運作：大陸上的政治形勢已經發生了劇變，但是朝鮮半島有時候一時還反應不過來，所以難免偶爾也會作出落後於形勢的保守決定，正如西人政權的所作所為那樣，又如高麗王朝末期對元、明形勢的錯誤估計一樣，再如朝鮮王朝末期對中、日形勢的錯誤估計一樣。一旦反應遲鈍或估計錯誤，便有可能遭到

挫折與打擊。這正是受制於地緣政治命運的小國所不應該然而卻不得不面對的困境。

　　然而在大陸明、清易代之時，朝鮮王朝雖然一度遭到打擊，最終卻憑其對傳統智慧的繼承與發揮，安然度過了又一次危機，再次成功地挑戰了其地緣政治命運。

在清、日之間

　　從十九世紀上半葉起，西洋文明開始全面西風東漸整個東亞。中國、日本和朝鮮等先後受其影響。由於對於西洋文明的挑戰，東亞各國的應對方式各有不同，因此使東亞各國之間的力量對比開始出現了新的變化。中國的應對緩慢而又保守，因此其力量開始逐漸衰落；日本的應對迅速而又有力，因此其力量開始迅速上升。到了十九世紀下半葉，局勢已經開始明朗化了，那就是中國正在失落其對東亞的傳統支配權和影響力，而日本則在謀求其歷史上一直不曾有過的對東亞的統治。

　　同樣失敗於應付西洋文明挑戰的朝鮮，從十九世紀下半葉起，也開始面臨著歷史上不曾有過的新困擾，那就是在歷史上一向主要影響其命運的大陸影響的衰落，以及在歷史上儘管有過麻煩，但卻主要處於平等，甚至稍為後進地位（在朝鮮人心目中）的日本影響的崛起。正在衰弱中的大陸影響並不想退出朝鮮半島；而正在崛起中的日本影響又再次想要進入朝鮮半島。因此夾於這兩種力量之間的朝鮮半島，再一次成為地緣政治命運的撥弄對象，只不過這次其地緣政治環境以新的方式表現出來。

從 1876 年朝日《江華島條約》簽訂時起，至 1895 年中日《馬關條約》簽訂時止，這十九世紀末的二十年間，是清、日勢力在朝鮮半島你爭我奪和此消彼長的時期，也是朝鮮王朝又一次苦於作出抉擇的時期。在朝鮮王朝內部，由於對處理方針的不同，又一次分成了兩派，在思想上和政治上持續對抗。一派是以閔氏一黨為代表的守舊派，他們想要維持與清朝的事大關係，在國內政治方面維護舊的體制；另一派是比較接近日本的開化派，想要擺脫與清朝的前近代性的事大關係，並對國內政治作近代性的改革。

　　由於這兩派分別受到清朝與日本的支持，因此內政與外交問題更加複雜地糾纏在一起。這兩派政治力量的起伏，與清朝和日本影響的消長，也密不可分地聯繫在一起。

　　1894 年，朝鮮爆發了農民戰爭，並因而引發清日甲午戰爭。七月二十五日，日軍攻擊清軍；九月十五日，清軍在平壤會戰中敗北；翌年四月十七日，中日《馬關條約》簽訂。清朝勢力遂全面退出朝鮮半島，朝鮮半島最終落入日本手中，一直到一九四五年日辭戰敗投降為止，持續了其約半個世紀，先是間接、後是直接的殖民統治。

　　不過，在中日甲午戰爭中，中國的敗北與日本的勝利，一方面固然使朝鮮半島受到日本的控制，一方面也使它初次擺脫了持續了兩千多年的中國影響。這對於朝鮮半島來說，究竟是福是禍，恐怕一言難盡；但是其意義的深遠，自是不容置疑；對朝鮮半島今後的命運，也會發生深刻的影響。

　　在朝鮮半島的歷史上，經常使用中國的年號。這是在對大陸王朝行事大之禮時，所不得不採取的一種姿態。在朝鮮王朝的後半期，也使用了清朝的年號。朝鮮王朝的「承政院日

記」，類似於一種官方實錄，以前一直書寫清朝年號。

不過，到了「光緒二十年（1894）甲午七月二十八日」那天，也就是清日戰爭全面爆發後不久，開始在書寫清朝年號的地方留出五個字的空格。而到了同年年底，也就是清朝的敗局已定時，開始在空格處用小字補上朝鮮高宗的年號。當我在圖書館翻閱「承政院日記」，並留意到這一初看之下並不顯眼的小痕跡時，似乎感覺到歷史活生生的演出，以及朝鮮半島脈搏的微妙顫動。

漢城的西大門區，原先的西大門郊外，在朝鮮王朝時，為迎接來自清朝的「天使」，曾建了一座「迎恩門」。迎恩門附近還建有專門接待清使的「慕華館」。中日甲午戰爭以後，朝鮮人毀壞了迎恩門，並在其旁邊，仿照巴黎凱旋門的式樣，建造了一座「獨立門」，以紀念朝鮮從清朝的獨立。

現在獨立門還矗立在那兒，迎恩門的原址上則僅剩兩根柱子。而就在獨立門旁邊，日本殖民統治時期建造了一座監獄，關押並屠殺了大量獨立志士。1992 年八月十五日，那兒被闢為「獨立門公園」，以紀念死難者，並教育後人。這樣，獨立門公園和獨立門一起，成了朝鮮近代史的一個縮影，記載著清、日勢力在朝鮮半島的消長。

甲午戰敗後，1895 年三月，清朝委由李鴻章為全權大臣，赴日本談判。四月十七日，李鴻章與伊藤博文（日本總理大臣）、陸奧宗光（日本外務大臣），在下關簽訂了《馬關條約》。這是一個對中國具有恥辱性的條約。不過，具有諷刺意義的是，條約的第一款，卻是以如下堂皇的宣言開場的——

中國認明朝鮮國確為完全無缺之獨立自主國，故凡

有虧損獨立自主體制，即如該國向中國所修貢獻典禮等，嗣後全行廢絕。

這一款的實際和真正意思，正如很多史家所指出的，其實只是迫使中國影響退出朝鮮半島，而讓日本勢力暢通無阻地進入。但是，這一款中所指出的朝鮮半島以前與中國的關係，即未能有完全無缺之獨立自主，卻也是不容否認歷史事實。儘管讓人啼笑皆非的是，朝鮮半島「完全無缺之獨立自主」，卻要由一個正在進入朝鮮半島，不久以後還將吞併它的列強來宣布，而且還宣布得堂而皇之。不過，從各種意義上來說，朝鮮半島擺脫中國的影響，卻無疑正是從這紙條約開始的。

1897 年八月，朝鮮王朝建光武年號；同年十月十二日，以「大韓帝國」為國號，以朝鮮國王為大韓皇帝，這就是所謂的「建元稱帝」。這一切都發生在日本加緊其對朝鮮侵略的時期，因此對於改善朝鮮的處境和地位並無任何實際意義；但是對於在中國的影響之下一向自居於一個王國地位的朝鮮來說，這又不啻是一個史無前例，從中國影響之下擺脫出來的象徵性之舉。

以上只是從那段天翻地覆的歷史中所擷取出來的幾朵小小的浪花。也許由於其命運受到列強過度的撥弄，因而朝鮮王朝在其末期顯得像是無所作為；不過即從以上那幾朵小小的浪花也可看出，在其力所能及的範圍之內，朝鮮王朝還是在發揮著那種傳統的智慧，儘管其表現由於其他大事的發生而顯得並不引人注目。無論是不由自主也好，是順水趁勢也罷，在日本擴張勢力的助推之下，朝鮮王朝卻奇蹟般地完成了擺脫中國影響的歷史進程。

馬關位於下關，簽訂條約的地方叫春帆樓，現在成了下關的一處名勝，面對著本州與九州之間的關門海峽。在春帆樓裡，李鴻章的座椅依然存在，是中方一側的首席。當我們憑弔這處古蹟時，心裡湧起的是說不出的滋味：那東亞三國之間的歷史恩怨，那對於朝鮮半島命運的撥弄，以及東亞三國關係的現在與未來，這一切在春帆樓裡都凝聚成一片寂靜。

Chapter 5

面對同一語系的日本：
地緣的族類智慧

　　從朝鮮半島的地理位置來看，它的西面和北面是中國大陸，東南隔海和日本列島相望。

　　因此就其地緣政治環境而言，除了中國大陸以外，日本應是第二個鄰國，會對其命運產生重大的影響。

　　從語言體系上來看，朝鮮語和日語相當接近，同被歸屬於阿爾泰語系。這表明在民族屬性方面，兩個民族亦應該相當接近。有何況在漫長的歷史上，兩國都曾屬於漢文化圈，一起接受過中國文化的影響。因此無論從哪方面來看，雙方的關係都有點像是「兄弟」。

　　但是無論在朝鮮半島，還是在日本，這樣的看法都會招來反對。這是因為在雙方的關係史上，曾經發生過那麼多不愉快的事情，留下太多糾纏難解的恩怨帳，以致誰也不願意把對方看作是「兄弟」。

　　尤其是從朝鮮半島的立場來看，在長期以來的雙邊關係中，朝鮮半島一直是施惠的一方，而日本則一直是受惠的一

方；朝鮮半島一直是被害的一方，而日本則一直是加害的一方。這構成了朝鮮半島的某種「日本情結」，一如其在與中國關係上的某種「中國情結」一樣。

不過，不管歷史上的恩怨到底如何，既然在朝鮮半島所處的地緣政治環境中，日本一直發揮了非常重大的影響，則朝鮮半島必然會對此作出反應。其不斷迎戰日本挑戰的歷史，也就是其不斷發揮民族智慧的歷史。

朝鮮半島的日本觀

在以中國為中心的東亞漢文化圈中，朝鮮半島曾處於比日本更為有利的位置。這不僅是因為它更靠近中國，而且也因為它還直接與中國聯壤。正是因為處於更為有利的位置，因此它能比日本更早接受先進的漢文化影響，更早發展起自己的民族文化；同時也正因如此，而能在東亞漢文化圈中處於更先進的地位，並對像日本這樣的國家產生文化上的影響。

比如日本最早接受的漢文化的影響，便是經由朝鮮半島傳入的。284 年，百濟人阿直歧出使日本。第二年，受阿直歧的影響，學者王仁亦來到日本，並帶來《論語》十卷和「《千字文》一卷。據說這是漢字漢文傳入日本之始，王仁的來到日本遂成為日本史上的一件大事，因為這標誌著漢文化影響的初次東漸日本。

自此以後，日本不斷吸收先進的漢文化，創造出燦爛的民族文化。儘管王仁原本是歸化百濟的中國人，他所傳到日本的也是來自中國的漢文化，但因為他是作為百濟人遠赴日本的，

漢文化是經由朝鮮半島傳入日本的，漢文化又被當時的朝鮮人認為是朝鮮文化的一部分，因而此事仍引起朝鮮人由衷的驕傲與自豪，認為日本的文化都是由朝鮮給他們的。

日本經由朝鮮半島吸收漢文化，從三世紀末到七世紀初，大約持續了六個多世紀。一直到奈良時代的 607 年，日本第一次派遣隋使到中國，開始直接從中國輸入漢文化；當然同時也仍與朝鮮半島進行文化交流，包括仍經由朝鮮半島輸入漢文化，一直到十九世紀下半葉為止。由於在東亞漢文化的輻射圈中所處的位置不同，朝鮮長期以來一直扮演了對日本的文化輸出者角色（日本的觀點則更傾向於認為它只是漢文化轉手的「搬運者」）。

儘管朝鮮向日本輸出或「搬運」的大都是來自中國的漢文化，但這還是足以引起它在文化上的自豪感和優越感。加上朝鮮之所以能夠扮演這個角色，也正是因為在歷史上的大部分時期，其漢文化程度比日本更高；這依過去漢文化圈的價值標準，也自是一種可以引起自豪感與優越感的理由。

此外，加上「中華思想」中的所謂「華夷之辨」，即認為漢文化程度高的是「華」，漢文化程度低的是「夷」，在長期間曾為朝鮮半島所接受，並認為由於自己的漢文化程度高，因此也是「華」的一部分，或至少是「小華」，而漢文化程度不如自己的日本則不過是「夷」。大抵基於以上這些理由，因此使得朝鮮半島的人民，自古以來便有一種根深柢固蔑視日本的觀念，直到今天也還在一定程度上保留著。

1444 年，集賢殿副提學崔萬理等上疏，反對朝鮮世宗創制朝鮮文字，其所陳述的理由之一，便正反映了古代朝鮮人的日本觀，以及這種日本觀背後的價值觀念——

自古九州之內，風土雖異，未有因方言而別為文字
者。唯蒙古、西夏、女真、日本、西蕃之類，各有其字。
是皆夷狄事耳，無足道者。傳曰：用夏變夷，未聞變於夷
者也。歷代中國，皆以我國有箕子遺風，文物禮樂，比擬
中華。今別作諺文，捨中國而自同於夷狄，是所謂棄蘇合
之秀，而取螳螂之丸也，豈非文明之大累哉？

　　（《朝鮮王朝實錄》世界實錄卷第一百之第二十一頁ａ）

　　在古代朝鮮人的心目中，日本和蒙古、西夏、女真、西蕃
等一樣，都是所謂的「夷狄」，這是因為它們的漢文化程度不
高，用自己的文字也正是其表現之一；但是朝鮮卻因「文物禮
樂比擬中華」，也就是讓漢文化程度與中國接近，而已經「由
夷變夏」，不創制自己的文字而直接使用漢字，也正是其表現
之一。因此，朝鮮是一個「文明」國家，日本則不過是一個
「夷狄」之國。顯而易見，在這種日本觀背後的是中國中心論
的意識，是漢文化中心的價值觀。崔萬理等人的上述發言，可
以說是古代朝鮮人日本觀的一個代表。

　　進入近代以後，儘管價值觀已經發生了變化，但是蔑視日
本的觀念卻保留了下來。即使在日本的殖民統治時期，朝鮮人
的日本觀也仍是一如往昔，視日本如歷史上的契丹、女真、蒙
古等，以武力入侵朝鮮半島，但文化上卻比朝鮮落後。1936
年，曾任朝鮮總督府學務課長的大野謙一寫道——

　　　認為內地人（日本人）是比朝鮮人劣等的，什麼禮

儀也沒有的國民，因而加以蔑視的朝鮮人實在很多。❶

這是日本殖民統治者的感覺和印象。

1920 年，大韓民國上海臨時政府的朴殷植寫道──

　　　　日本是極東偏僻處之國，見聞粗陋，黑齒紋身，與魚鼈一起生活，飲食、衣服、宮中的生活用具等等都不過是取自我國。❷

　　這是近代朝鮮人對日本的感覺和印象。把兩者合在一起來看，就可以明白近代朝鮮人的日本觀，實與古代無甚分明。

　　在東亞的歷史上，不乏被征服民族因文化自豪感和優越感而蔑視征服民族的先例；但是在近代的殖民主義歷史上，日本作為殖民主義者，卻受到殖民地人民的蔑視，這倒是很罕見的現象，為其他殖民主義者所未曾碰到。這裡面就有東亞歷史的特殊原因。

　　即使日本在戰後第一次走在東亞各國前列，即使日本已經進入發達國家行列，即使韓國本地也拋棄了漢文化的價值觀念，而採取了與日本相似的西方價值觀念，但是在相當一部分的韓國人心目中，對日本的文化上的自豪感和優越感，還是一如既往。

---

❶　轉引自若槻泰雄：《韓國・朝鮮與日本人》，原書房，一九九〇年，東京，第二六〇頁、二六一頁。

❷　轉引自若槻泰雄：《韓國・朝鮮與日本人》，原書房，一九九〇年，東京，第二六〇頁、二六一頁。

有一次，在慶州的一家溫泉觀光旅館裡，我就曾親耳聆聽了一位哲學教授的高論。他對一位研究日本文化的教授說，因為日本是一個沒有文化的野蠻國家，所以根本不值得花費力氣去研究。這樣的發言也許只是誇張之言，並不代表大多數韓國人的看法。不過在這種發言背後的日本觀，相信卻是為許多人所共同具有的。

　　對於朝鮮半島上的上述這種日本觀，也許我們中國人不會感到陌生。因為如果說連朝鮮都以「華夷之辨」來蔑視日本的話，那就更不要說「華夷之辨」的始作俑者中國了。聯想一下我們的外國觀或世界觀，我們就會很容易理解朝鮮半島的日本觀。雖然現在的世界已是天旋地轉、物換星移，但是堅持自己「先前曾經闊多了」，因而永遠蔑視外國的中國人，相信亦為數不在少。

　　當然，在日本，我們會聽到完全不同的說法。儘管日本人也承認日本文化受過朝鮮半島很大的影響，但是他們認為朝鮮半島不過是中國文化東漸的通道而已，他們所吸收的只是經由朝鮮半島而來的中國文化而已，並不是朝鮮半島自己的文化。

　　因而，從文化影響的本源來說，他們寧可認為受到的是中國文化的影響，而不是朝鮮文化的影響；毋寧說朝鮮文化亦同受中國文化的影響，只不過比日本先走一步而已。同時他們又認為，他們所受到的中國文化的影響不僅間接來自朝鮮半島，也直接來自中國大陸，尤其是以派遣遣隋、遣唐使以後。再次，他們也認為，儘管在接受中國文化的影響方面他們比朝鮮遲到，但是他們後來的發展卻超過了「保守」而「事大」的朝鮮半島。

　　由於以上這樣的原因，所以日本一直不能接受朝鮮的觀

點，認為朝鮮是日本的「恩師」。他們寧願承認中國是他們文化的故鄉，卻不願承認朝鮮也是。

歷史的事實明明白白地擺在那裡，但是對它的理解卻因立場不同而各不相同，有時候也許永遠無法取得一致。不過我們無意於評價各自觀點的是非，而只有興趣於其觀點背後的情緒和心理，以及各個民族在應對地緣環境時的智慧運作。

毫無疑問，在歷史上以中國為中心的漢文化圈中，朝鮮半島即使比日本更靠近中心，但也仍然處於邊緣地位。在上古時代，它曾被叫做「東夷」，便典型地反映了它的這種處境。後來由於它努力「用夏變夷」，因此被認為是中國之外漢文化程度最高的，受到中國及周邊國家或民族尊敬。但是即使在那樣的時候，由於民族性的差異使然，它也不可能完全像中國一樣，而且也未必願意完全像中國一樣。

然而，在當時的東亞漢文化圈中，價值觀念卻又是以中國為中心的。受到這種地緣文化環境的壓力，它必然會尋找應付與解脫的方法。很容易想到的應付和解脫的方法之一，便是將自己所受到的來自中國的壓力再轉移給比自己離中國更遠的民族或國家。這也是我們在應付和能解脫外來壓力時，很容易採取的一種作法。朝鮮半島歷史上對日本及其他民族的蔑視，便可以說正是以上這種作法的表現。在當時的情況下也只有這樣做，才能找到並保持心理上的平衡，維護民族和國家的面子和自尊。

而進入近代以後，隨著中國失落其在東亞的傳統影響力，隨著漢文化價值觀的讓位於西洋文化價值觀，朝鮮半島驟然擺脫了其長期所受的來自中國文化的壓力，轉而開始受到來自西洋文化的壓力，以及來自日本文化的壓力。在這樣的情況下，

照說，朝鮮半島已沒有理由再蔑視日本，因為按照新的西洋文化價值觀來說，日本反而已先行一步而走在前頭；而且其一面否認中國文化對朝鮮半島的影響，一面又強調朝鮮半島對日本的影響，這在邏輯上也是自相矛盾。

究其實質來說，則可以認為，朝鮮半島在近代情況下的蔑視日本，也只是為了抵抗日本文化的壓力而已。因為，上個世紀末從中國的影響下擺脫出來以後，朝鮮半島又馬上被置於日本的影響之下，還沒有時間建設完全自主的民族文化，因此傳統的日本觀便被用來繼續發揮作用了，也因此而顯得像是與其近代的中國觀自相矛盾。

不過，其實際效果是顯而易見的：在日本的殖民統治時期，它鼓舞人民保持民族特性，不被日本所同化；在戰後的恢復時期，它幫助人民消除日本殖民文化的影響；在今天的經濟發展時期，它又激動人民全力以赴地超越日本。

因此，雖說朝鮮半島的日本觀，歷史上有其漢文化中心論的痕跡，近代有其與中國觀自相矛盾的地方，而且總的來說，有過於情緒化的傾向，但是倘聯繫朝鮮半島過去與現在的地緣文化環境來看，則可以認為它亦是朝鮮半島挑戰自己的地緣文化命運的產物，是其傳統智慧運作的表現之一。

在日本的殖民統治之下

在朝鮮與日本的關係史上，與在「文」的方面，朝鮮常對日本占上風相反，在「武」的方面，日本常對朝鮮占上風。

早在三國及統一新羅時期，據《三國史記》等史料記載，

朝鮮半島便經常受到小股倭寇的騷擾。新羅善德王在位時期（632～646 年），造了所謂「新羅三寶」之一的皇龍寺九層塔（另外兩寶是皇龍寺的丈六佛像和聖帶），其九層分別是為了攘除新羅的九個敵人，而其第一層就是針對日本的。（《三國遺事》卷第三塔像第四：「皇龍寺九層塔」條引安弘《東都成立記》）可見其時在新羅人心目中日本的威脅感之強。不過，除了百濟滅亡後不久，日本曾一度出兵援百濟外，其時在朝鮮與日本之間，基本上沒有什麼大的軍事行動。

在十三世紀蒙古大軍征服高麗王朝以後，曾於 1274 年和 1281 年，兩次組織麗蒙聯軍侵襲日本，但都因為遭遇暴風而失敗。這是朝鮮僅有的對日本的侵襲行動，不過當然是在蒙古的脅迫下作出的。此後，朝鮮軍隊曾經進襲過對馬島（1390～1419 年），但始終未曾將軍事力量伸展於日本本土。

相反地，從十四世紀中葉開始，日本的海盜船開始騷擾東亞各國沿海，構成了嚴重的倭患問題。整個十四世紀下半葉，朝鮮半島飽受倭寇騷擾之苦。經過 1419 年的那次對馬島之戰，倭寇離開朝鮮半島，轉而騷擾中國東南沿海。1592 年，豐臣秀吉率日本軍隊侵略朝鮮，到 1598 年，戰爭持續了七年之久，給朝鮮半島造成巨大的損害。這次戰爭給朝鮮人民留下慘痛的記憶，直到現在，人們還一直在紀念它和研究它。

壬辰戰爭結束以後，朝鮮和日本恢復和平關係。這種和平關係一直保持了兩個半世紀，直到十九世紀下半葉，明治維新以後的日本走上了帝國主義和殖民主義之路，再度侵入朝鮮半島時為止。

從明治維新初年（1868 年）起，日本便嘗試改變與朝鮮的傳統關係。1876 年，兩國簽訂《江華島條約》，正式修改

了兩國的外交關係，給予日本在朝鮮半島更多的特權。此後的二十年來間，是日本擴大其在朝鮮半島的影響，並主要與中國和俄國爭奪對朝鮮半島的控制權的時期。

1894 年甲午戰爭，中國戰敗，日本遂在朝鮮半島上逐走了中國的影響。1904～1905 年日俄戰爭，日本的勝利，使其最終也趕走了俄國的勢力。自 1906 年二月一日起，日本遂完全控制了朝鮮半島，以統監府掌握朝鮮的外交、內政和軍事全權。1910 年八月，日本正式宣布日朝合併，統監府改為總督府，朝鮮半島成為日本的一部分。日本對朝鮮半島的殖民統治一直持續了三十六年，到 1954 年八月日本戰敗投降為止。朝鮮史上稱為「日帝三十六年」。

顯而易見，和近五十年的日本殖民統治相比，歷史上的倭寇騷擾簡直不算什麼了，連壬辰戰爭也比不上其嚴重性。其對朝鮮半島的歷史和文化的影響，是怎麼估計也不會過分的。歷史上，朝鮮和日本一直保持平等交鄰關係，只有這半個世紀處於日本的統治之下。

在這約五十年間接、直接的殖民統治之下，朝鮮人民一天也沒有停止過爭取自由和獨立的鬥爭。著名的一次是 1919 年三月一日爆發了全國獨立運動，在漢城的塔洞公園公開宣讀了獨立宣言書，成千上萬的民眾走上街頭，要求朝鮮獨立。這次運動儘管被日本殖民當局殘酷地鎮壓了下去，但是其精神卻一直貫穿於整個殖民統治時期，鼓勵朝鮮人民不屈不撓地去鬥爭。1945 年八月，隨著日本的戰敗投降，朝鮮人民終於盼來了自己的解放，迎來了民族的獨立。

不過，在日本的殖民統治時期，朝鮮人民一方面堅持不懈地爭取民族獨立，一方面也發揮了忍辱負重，等待恢復的傳統

智慧；用更廣闊的歷史眼光來看，日本半個世紀的殖民統治，也只不過是朝鮮歷史上一個短暫的插曲，就像歷史上暫時受到蒙古的統治等一樣。事過境遷之後，朝鮮人民就像被暫時踏下的野草，在和熙的春風裡再度歡慶自己的新生。在日本殖民統治的這一段時期裡，朝鮮人民的鬥爭藝術和生存策略，和歷史上類似時期裡的作為，在精神上實具有一脈相通的地方；換言之，也就是其挑戰地緣政治命運的智慧一如既往，只不過在新的形勢下作了新的發揮而已。

金大中曾經談過朝鮮人民的這種智慧。他舉公元初猶太人對羅馬帝國的反抗，及後來美洲印第安人對歐洲殖民者的反抗為例，說明有時候「有些民族憑著自身的力量無法戰勝挑戰」，那樣的時候堅持反抗並不是一個明智的策略。他又認為，面對強大的對手進行高壓時，「相形之下，中國、朝鮮和日本採取了比較明智的辦法。」他舉的關於朝鮮的例子，正是日本殖民統治時朝鮮人的作法——

　　日本把朝鮮變成殖民地時，朝鮮人是馴順的。有些人認為這是機會主義，也有人說這是屈從。但所有這些看法都不對。

他的看法是：朝鮮人採取了比較明智的策略——

　　對根本無法抗拒的命運，他們暫時退讓；但是他們始終抱有希望並等待著，在等待期間又不放過東山再起的

機會。他們忍受著巨大的困難，千方百計地堅持下去。❸

　　他所指出的，正是在日本殖民統治時期，朝鮮人民所發揮的一種智慧；也是歷史上在面對外敵入侵時，朝鮮人民所使用過的智慧。

　　代表韓國官方觀點的《韓國手冊》做了如下的評論，似乎也在一定程度上指出了同樣的現象——

　　　　對於韓國爭取國家獨立和反抗日本統治的運動，要理解也許並非易事。涉及的情感太多，經歷的時期也太長，難以提出一個清楚的畫面，只能指出由獨立運動或1945年人們興高采烈地歡慶解放所象徵的自發、持續不斷的反抗活動。站在一個極端，可以說韓國人民的鬥爭毫無結果。畢竟獨立運動是失敗的，國家解放是第二次世界大戰結束的附帶結果。站在另一個極端，可以做出這樣一種結論：每一個成功地保持了自己的民族特性的韓國人爭得了自己的獨立，自己解放了自己，因為敵人的公開目的是要抹掉這種特性。很明顯，作這兩種極端的結論都不合適，因為韓國人並不全是英雄，也不全都是懦夫，而是像其他任何國家的人民一樣的一國人民，熱愛和平，痛恨暴政。真正的情況介於兩者之間。❹

---

❸　金大中：《金大中哲學與對話集——建設和平與民主》。
❹　韓國海外公報館：《韓國手冊》（中文版），一九九二年，漢城，第一三二～一三三頁。

也許可以這麼說：正因為朝鮮人民並不全是英雄，也不全都是懦夫，所以他們才能安然度過日本的殖民統治時期，把自己的民族和文化保存了下來。像歷史上無數次發生過的危機那樣，在日本的殖民統治時期，朝鮮人民又發揮了一次傳統的智慧，又一次挑戰了自己的地緣政治命運，並最終仍然取得了成功。

清除日本殖民統治的影響

在日本的殖民統治時期，日本大力進行了民族同化政策，想抹殺朝鮮人的民族性，使之成為日本人的一部分。即使先進的愛國志士一直堅持抵抗，但是殖民同化政策的影響也不能說沒有。因此朝鮮半島光復以後，便面臨著一個嚴重的問題，即怎樣消除日本殖民統治的影響，重新建立民族的自主性和自信心。在這個方面，朝鮮人民同樣發揮了他們的智慧。

由於在日本殖民統治時期，一度遭受過民族固有文化遭到抹殺的危機，因此現代的韓國對於日本文化一直採取警惕與防範的態度，在公式性的場合，以禁止輸入為原則。的確，在這兒的文化市場上，很少能看到日本的文化產品。電影院裡充斥了美國和香港的電影，卻基本上看不到日本的電影；電視節目亦是如此；除了個別面向日本觀光客的卡拉 OK 以外，一般韓國人喜歡光顧的歌謠房裡，只有韓語歌和英語歌，完全沒有日語歌；在琳琅滿目的書店裡，也很少見到來自日本的雜誌；與日本的文化藝術交流，似乎也很少舉行。在這個最靠近日本的國家，似乎最不容易看到日本的文化產品。

日本殖民時代留下的痕跡，當然也是必須加以肅清的。日本語對朝鮮語的「污染」，首先便在清除的範圍之內。那些來自日本語的詞彙，都盡可能被化之以固有的詞彙。雖然大量的日式漢字詞彙仍保留了下來，但那些純粹的日本固有詞彙則大都已被取代；有時候與朝鮮語詞彙並存，尚可令人想見當時流行之一斑。

在日本的殖民統治時期，曾經在過去朝鮮王宮景福宮的正門「光華門」和正殿「勤政殿」之間，建造了一座龐大的西洋式建築物，以之作為朝鮮總督府的辦公大樓。據說其目的是為了破壞景福宮的景致，擋住人民對景福宮的視線，進而忘了自己的歷史和傳統（在日本殖民統治時期，一度想要拆除光華門。那樣的話，景福宮就完全看不見了）。因此，在韓國一直有這樣的議論，即要把這座漂亮的建築拆除，以消除日本殖民統治的「恥辱的象徵」。現在它的命運還在未決之中，臨時作為「國立中央博物館」發揮著作用。

另一個措施是大力推行抗日歷史教育，宣揚過去的獨立志士和抗日英雄。比如在哈爾濱暗殺日本初任朝鮮統監伊藤博文的安重根，在上海的虹口公園暗殺日軍白川大將的尹奉吉，三‧一獨立運動時獨立宣言書的第一署名人孫秉熙，大韓民國臨時政府的領導人金九，因憤於朝日合併而自殺的閔泳渙，以及歷史上的抗日名將李舜臣等，都作為不屈的抗日民族英雄，受到高度的評價和宣傳。

他們的巨大銅像樹立在各個醒目之處。尤其是李舜臣將軍的塑像，不僅矗立在全國各地，而且也與創制朝鮮文字的朝鮮世宗一起，進入各個學校的校園。日曆上的四月二十八日是李舜臣的誕辰紀念日。在忠清南道的天安附近，建設了規模龐大

的獨立紀念館，以介紹參加獨立運動者的業績，並控訴日本殖民統治的罪行，教育人民不要忘記過去的苦難歷史。在漢城獨立門附近的日本監獄原址上則建了一個獨立門公園，裡面保存了日本監獄的若干獄舍。在宣讀三・一獨立宣言的塔洞公園，設置了表現當時場景的壁畫。在一般的大眾傳播媒介中，也經常可以看到抗日主題的內容。

在消除日本殖民統治的影響方面，西洋文化的普及與流行也起了相當大的促進作用。朝鮮半島光復以後，充斥著象徵現代化韓國的、主要是以美國為代表的西洋文化的影響。

這種現象的出現自然與戰後韓國的特殊歷史處境有關，也與戰後的普遍世界潮流有關；但是，正如有的學者所指出的，似乎同時也與想要借助西洋文化，消除日本文化的影響這個考慮有關——

> 這種美國化，形成了今日韓國社會的底流，以及其基本的方向。的確，獨立以後的韓國的努力，首先注重於「日本色的消抹」。作為其所實際使用的方法，一是韓國文化的強調，二是西歐化。而所謂的「西歐化」……其實乃是近於「美國化」之物。[5]

其實不管如何評介日本殖民統治時期的文化政策，朝鮮半島得以完全擺脫中國文化的影響，無疑也有賴於其時日本文化的普及與流行；而在戰後韓國擺脫日本文化的影響方面，西洋

---

[5] 鳥羽欽一郎：《另一個韓國》，東洋經濟新報社，一九七九年，東京，第一三一頁。

文化又被用來發揮同樣的作用。不斷吸收一種外國文化的時候，其實也正是不斷擺脫另一種外國文化的機會。這裡面同樣有朝鮮民族的傳統智慧在運作。

很多日本人都抱怨說，對於日本殖民統治時期的歷史，韓國人的評介不夠公正，因為其時也有許多「積極」的東西；而對本文化產品的限制，又比其他地區更為嚴厲，也與對西洋文化產品的態度迥然不同。當然，對抗日歷史的強調，以及日本影響痕跡的消除等等，也常令日本人感到頭痛，認為韓國人的民族主義情緒過於強烈，對歷史的帳糾纏得過深，不利於兩國關係新的展開，等等。

但是，只要我們了解了朝鮮半島的歷史，以及朝鮮民族的強烈民族性，就能理解他們戰後針對日本的文化政策。在直到十九世紀末葉的近兩千年裡，朝鮮半島一直受到中國文化的影響。為了既學習先進的中國文化，同時又保持自己的民族特性，他們必須作出持續不斷的努力，在學習與抵抗之間巧妙地保持平衡。

從上個世紀末葉以來的一個多世紀裡，日本開始變成走在東亞各國前列的強國，其文化也自然開始影響到其他各國。於是朝鮮半島便面臨著一個同樣的問題，即它既要從日本文化中學習先進的東西，又要避免因此而失去自己的民族特性。這就是在本世紀，尤其是在戰後的半個世紀裡，它著重消除和限制日本文化影響的一個主要原因。對於朝鮮半島來說，越是因為日本是近鄰，就越是對自己有威脅感，因而就越是要對之保持警惕。

不管理智上對日本文化的影響如何認識，但是，日本文化的影響的確是很大的。這符合「水往低處流」的自然法則。有

一則統計說，儘管韓國的文化市場並不對日本開放，但是僅1983 年這一年，從日本輸入韓國的書籍，總數就達一千二百四十種，約二百萬冊；而同時從韓國輸入日本的書籍總數則不過是其約五十分之一的四萬四千三百冊左右。**❻**在受到限制的情況下洞且如此，則一旦文化市場正式開放，其結果自然可想而知。

但是，隨著近幾十年來韓國經濟的高速發展，以及國民生活水準的顯著提高，韓國人民正越來越確立其民族自信心和自主性，因而對日本文化的政策也開始有了鬆動的跡象。最近一段時間，報紙上的議題之一便是向日本開放文化市場的問題。對日本的總體上的態度，也如一些學者所指出的，已經或正在不斷地從「反日」轉到「知日」，到「克日」，到「超日」。儘管「日本情結」仍然存在，但是民族自主性的恢復，以及民族自信心的提高，已經表現得越來越明顯。而且，總有一天，連「日本情節」也會消失。

　　以其經濟成就為背景，特別是在年輕一代中間，並不關注日帝時代的事情，自尊心很高的一輩成長了起來……如果韓國能夠持續保持和平，順利達成他們的經濟計劃，進一步縮小與日本的生活水準的差異，則「日帝三十六年」的屈辱感也自會大為減少吧?!……如果兩國的差別消失的那一天來到，日本側的偏見自不用說，韓國側根於歷史的屈辱性感情也自會有相當的變化吧？！**❼**

---

❻　伊藤亞人編：《韓國》，弘文堂，一九八七年，東京，第二八七頁。
❼　鳥羽欽一郎：《另一個韓國》，東洋經濟新報社，一九七九年，東京，第二一八～二三四頁。

但是，不管怎麼說，直到目前為止的階段，面對日本殖民統治的影響，面對日本文化的壓力，韓國人民一直作著持續不變的抵抗，以建設民族自主性，增強民族自信心。他們在這方面的種種作為，仍可看作是他們挑戰地緣文化命運的智慧之表現。

在日朝僑和韓僑的民族意識

為了確保自己的民族特性，不斷抵抗日本文化的壓力，在僑居日本的朝鮮人（北方系）和韓國人（南方系）身上，這種意識和現象也非常普遍。

現在僑居日本的朝鮮人和韓國人，人數多達六十餘萬人，其中大多數已是第二代或第三代。他們一方面努力適應日本社會，為日本的發展作出貢獻；一方面又努力保持民族特性，顯現出強烈的民族意識。這兩方面的巧妙平衡，構成他們的一個明顯特徵。

僑居日本的朝鮮人和韓國人都相當尊重民族教育。他們要求日本教育當局，在朝鮮和韓國學生較多的公立學校設置朝鮮民族教育的課程；同時，必須承認他們的民族學校。在他們的民族學校中，進行雙重標準的教育，一是注重民族精神的教育，一是鼓勵學生適應日本社會。因此他們同時教授朝鮮語、日語和英語，學習朝鮮歷史、地理和國民倫理。其教育的最終目標是要既適應日本社會，又儘量保持民族特性。尤其是在第一代移民中間，對民族精神的教育最為重視。他們不僅自己努力保持民族特性，也努力把本民族的傳統和歷史教給下一代，

並且把朝鮮語的教育作為「民族魂」的問題來看待。多朝鮮人的家庭裡，他們讓下一代只講朝鮮語。

在入籍問題上，僑居日本的朝鮮人和韓國人也表現出相當強烈的民族性傾向。據統計，儘管從戰後至 1985 年為止，僑居日本的朝鮮人和韓國人中已有十三萬餘人入了日本籍，但仍有六十餘萬人作為外國人永久居留。很多人之所以不加入日本籍，不是因為不能，而是因為不願意；怕因此喪失自己的民族性，被日本民族完全同化。為了確保自己的「民族自主性」，以及不忘對日本人的歷史「怨恨」，他們常常表現出「拒絕歸化」的傾向。

在願意入籍的人和不願入籍的人之間，有時也會發生微妙的差別感和違和感。據說，每當僑居美國的朝鮮人或韓國人取得美國國籍時，其他的朝僑或韓僑會為他舉行狂賀活動；但是僑居日本的朝鮮人或韓國人加入日本籍時，卻常常會受到「背叛祖國和民族」之類的指責，而同樣僑居日本的中國人社會裡就沒有這種現象。[8]

姓氏問題也許是另一個典型的例子，可以用來說明僑居日本的朝鮮人和韓國人的民族意識之強烈。朝鮮民族之重視姓氏不僅不亞於中國人，而且似還在中國人之上。在朝鮮半島，姓氏不僅意味著祖先的來源，而且也記載著門第的光榮，是一種極為重要的東西。但是他們在和日本人打交道時，卻時常為了姓名問題而發生麻煩。

在日本殖民統治時期的 1940 年，作為民族同化政策的一

---

[8] 參見若槻泰雄：《韓國・朝鮮與日本人》，原書房，一九九〇年，東京。

環，日本殖民統治當局命令全體朝鮮人「創氏改名」，也就是取消朝鮮民族原有的姓名系統，改為日本式的姓名系統。據日本殖民統治當局的解釋，這是由於朝、日已經合併，姓名系統的改換有助於消除歧視朝鮮人的現象，使朝鮮人和日本人更快地融合起來，是體驗了「天皇陛下德澤」的「善政」。可是在朝鮮人看來，這卻不啻於要抹去他們的民族特徵，抽去他們民族存在的根本，因此自然遭到強烈的反對。一直到朝鮮半島光復以後，「創氏改名」這一「善政」還一直受到朝鮮人民的深惡痛絕，被視為日本殖民統治當局最大的「惡政」之一。

戰後，僑居日本的朝鮮人和韓國人又遇到幾乎同樣的問題。據說很多人不願加入日本籍的理由是因為日本的法律規定，外國人入籍時必須取日本式的姓名。這對具有強烈姓氏意識的朝鮮人來說，自然是一個無法接受的條件。改變姓名也就是改族特性，這當然是萬萬做不到的。「大丈夫行不改姓，坐不改名！」一位僑居日本的韓國朋友在談到這個問時，曾這麼憤怒地說。好在 1985 年日本政府修改了法律，允許外國人不必改姓名便可入籍，這樣一來，這個問題又算是解決了。

與姓氏有關的問題，還有姓名的讀音問題。眾所周知，朝鮮半島與日本過去同屬漢文化圈，都有著普遍使用漢字的傳統；尤其是人的姓名，大抵都使用漢字。現在朝鮮半島很少使用漢字，但是漢字卻像影子般依然存在。比如在取名字的場合，大抵都有漢字和朝鮮文字兩套。平時使用朝鮮文字的姓名，必要時漢字姓名便會露臉。不過，朝鮮半島與日本雖同樣使用漢字，漢字的讀音卻各不相同。僑居日本的朝鮮人和韓國人，其姓名大都入境隨俗，漢字姓名直接露臉；但是對於其漢字姓名的讀音，卻常與日本人發生分歧。

因為日本人習慣按日語發音來念漢字，也包括使用漢字的外國人（如中國人和朝鮮人）的姓名。這對中國人來說沒什麼問題，因為中國人也是按照日語發音，來念使用漢字的外國人（如日本人和朝鮮人）的姓名。但是這對僑居的朝鮮人和韓國人來說，卻成了一個事關民族特性的嚴重問題。因為他們覺得既然他們按日語發音來念日本人的漢字姓名，則從對等的立場出發，日本人也應該按朝鮮語的發音來念他們的漢字姓名；不然的話，就是抹殺了他們的民族特性。

　　為了姓名的讀音問題，在日本還發生過這麼一件事。住在北九州的韓僑崔昌華牧師反對 ＮＨＫ 按日語發音，把他的名字念成「サイ・シヨウ・カ」，以為這是歷史上「創氏改名」的延續；而應按照朝鮮的發音，把其名字念成「チオエ・チヤン・ホア」。為此他向法院起訴，一直上訴到最高法院。結果他打贏了官司。此事在日本轟動一時。他的理由是非常民族主義性的：「姓名包含了民族的驕傲與人格的象徵，豈可由他人隨便加以改變！」[9]

　　現在，不僅對僑居日本的朝鮮人和韓國人，而且也對所有朝鮮人和韓國人的姓名，日本大抵都使用了朝鮮語式發音。這也可以看作是朝鮮人民民族意識的一個勝利。

　　從以上這些事例可以看出，僑居日本的朝鮮人和韓國人，他們的民族意識是多麼敏感，民族自尊心又是多麼強烈。他們一方面努力適應日本社會，一方面又努力保持民族特性。正是從他們身上，可以看到朝鮮民族的一些根本特徵，也可以看到

---

[9]　若槻泰雄：《韓國・朝鮮與日本人》，原書房，一九九〇年，東京，二五四頁。

他們挑戰地緣政治命運的另一種表現。

　　不過，就像其歷史上的機敏與現實的外交藝術一樣，僑居日本的朝鮮人和韓國人也有一些既不失自己的民族特性，又與日本社會圓潤相處的辦法。比如他們一邊獨立爭取自己姓名的入籍和發音權，同時又常常為了避免日本社會裡依然存在的歧視現象，而在本名之外再起一個日本式名字，以避免在一般的工作或交往的場合，因一望便知的朝鮮式姓名而遭到歧視。

　　在廣島的一家大書店裡，我便曾遇到一位這麼做的銷售小姐。她自稱是僑居日本的韓國人，不過遞給我的名片上印的卻是日本式名字。她解釋說，這只是為了工作上的方便。我想這應該算是一個合適的例子，可以用來說明在強烈的民族意識之外，朝鮮民族那不失機敏性與現實性的一面。這也同樣是一種智慧，一種原則性與現實性平衡的智慧，一種抵抗與適應相平衡的智慧。

Chapter 6

處身於強族的影響力中：
地緣的立國智慧

直到十九世紀下半葉為止，朝鮮半島只要受到來自中國大陸的影響，有時候也受到來自日本的影響。因而其地緣政治命運便也主要與中國大陸，其次與日本有關。除了中國大陸與日本以外，朝鮮半島很少與世界上其他地方發生關係，因而它一直被西方稱作是一個：「東方隱士」。

但是從十九世紀下半葉開始，隨著西洋文明東漸，中國清政府影響衰落，朝鮮半島成為東西列強爭逐的對象，遂不再能保持其「東方隱士」的姿態，也不再是一個「黎明寧靜的國度」（morning calm），而最終遭到被日本吞併的命運，並在日本的陰影下再度消失其姿影。

第二次世界大戰結束以後，朝鮮半島擺脫了日本的殖民統治，迎來了其民族復興的大好時機。然而，東西兩大陣營在此交會，其結果是南北朝鮮的分治，以及持續三年的朝鮮戰爭（韓戰）。朝鮮半島遂再度成為地球上的熱點之一，其地緣政治命運遂也超越東亞地區，而與世界上的各大強國發生了關

係。朝鮮民族的生存和外交智慧，現在面臨著重新的考驗。

就地處南方的韓國來說，它曾是西方陣營中的一員，與東方陣營處於敵對關係。由於特殊的地緣政治環境，它經常置身於各種漩渦的中心。為了自己的生存、安全和發展，它有必要妥善處理與盟國及對手的關係。在其幾十年來的現代史上，經常可以看到其外交藝術的巧妙運用，其中活躍著朝鮮民族的傳統智慧。

對美關係

韓國的建立和存在曾受惠於美國的支持，這是一個不爭的事實。直到今天，駐韓美軍的人數還在四萬人左右；幾十年來，韓國經濟的飛速增長也一直有賴於美國的支持和合作。美國不僅向韓國提供了資本和技術，還成了韓國最大的出口市場。對美國的巨額貿易順差，是其外匯主要來源之一。因此保持與美國的同盟關係可以說是韓國外交政策的基石。

東亞傳統的「朝貢」式國際秩序，早已成了過時的「隔日黃花」，現代流行的國際關係準則是平等和互惠。不過，這也只是從理論上來說如此，實際上，國際關係中，通行的仍是比誰的拳頭大的實力原則。在像韓國和美國這樣的關係中，國際關係的理想準則能夠實現到何等程度，也的確是一件很難評說的事。金大中曾指出，政府對美國讓步太多，以致引起人民的不滿。

如我國新聞界最近準確而徹底報導的那樣，我國政

府作出的讓步實在太多了。新聞界認為，政府採取了一種低姿態，令人感到屈辱。

學生們、廣大青年以及全體人民都覺得我國政府對待美國的態度未免太卑躬屈節，覺得政府沒有、甚而也不能把該說的話說出來；他們說，我們在美國面前過著一種低三下四的生活。在他們看來，這是非常屈辱的。鑑於我們的民族自豪感已經復興，在此種情況下，他們簡直難以接受政府對美國方面所取的這種妄自菲薄的態度。❶

面對金大中的指責，當時（1988 年）的外務部長崔浧洙也承認，韓美關係並不能完全符合平等的理想原則。這既是因為兩國的實力相差過於懸殊，也因為在防務和經濟等各個方面，韓國對美國依賴過深和過久——

就我們而言，政府一貫（向美國）強調：這一關係的基礎是真正的伙伴關係、友好關係、互惠而平等的關係，但在實際上，我必須承認，我真是很難對你們說，這個理想已如我們所希望的那樣得以實現。這是由於國家的實力（有所不同），由於我國安全上的需要，以及由於現實的經濟情況所致。❷

這可以說是韓美關係的實態，儘管不同的時期有不同的表現，但其實質幾十年沒有什麼變化。最近人民不滿意政府的一

---

❶　金大中：《金大中哲學與對話集——建設和平與民主》
❷　金大中：《金大中哲學與對話集——建設和平與民主》

件事情是在開放農產品和大米市場等等方面，政府對美國的立場過於軟弱。

不過，面對如上所述的韓美關係，韓國人民並未放棄追求自主性的努力，他們的民族意識也同樣表現得相當強烈。尤其是隨著近幾十年來經濟飛速增長，韓國國力的增強和國際地位的提高，韓國人民的民族主義意識也有了同樣的發展，因而在對待美國的態度方面也越來越有自信。

在韓國，經常可以聽到這樣、那樣對美國的批評意見，以及對政府過於軟弱之立場的指責；有時候以若干事件為導火線，還可看見相當強烈的反美情緒，尤其是在激進的青年學生中間。最近圍繞著開放農產品和大米市場的問題，在各大學校園中展開了針對美國和政府的抗議活動。一些在野的激進政治家也常要求政府對美國採取更強硬的立場——

> 歸根結柢，我國的內部政治問題必須由我國人民來解決，不能由美國政府決定……我們一定要堅定不移地確定自決權，這種權利應當受到美國朋友的尊重。這種互相尊重將會鞏固我們兩國之間的真正友誼。
>
> 已經到了更有力和更準確地實施「關於武裝部隊地位協定」各項條款的時候了。難道不是這樣嗎？也已經到我們比較自主獨立地控制和指揮自己軍隊的時候了。難道不是這樣嗎？除了我們之外，世界上還有哪一個國家把自己的武裝部隊的控制權和指揮權交給一個外國？❸

---

❸　金大中：《金大中哲學與對話集——建設和平與民主》

即使在政府內部，也同樣存在著對美國的民族主義情緒，與人民中的民族主義情緒遙相呼應。正如前外務部長崔洸洙所說的——

　　　　近些日子以來，還有一個事實：甚至在政府內部也存在日益增長的〔民族主義〕意識。各種情況真是令人難以啟齒。我不怎麼情願，卻又樂於稱讚外務部的下屬官員——年輕的課長、局長、次官等等，他們是懷著高尚的自尊心、獨立精神和民族自豪感來對待美國的。該爭的事情他們都「爭」，該說的話他們都大膽地說，而且，必要時也「有來有往」地維護民族利益。目睹這種行為，我受到感動，感到〔我們的未來〕有保障、有信心。這個現象不限於外務部，在經濟部也很明顯——他們是負責處理我國與美國的經濟關係的。❹

　　這類從政治家、政府官員到普通民眾面對美國的民族主義意識，與如上所述的相對處於弱勢的韓國在對美關係中的處境，可以說構成了今日韓國在與美國關係方面的兩個相輔相成的側面。

　　不過，即使是從上到下充滿了民族主義意識，但是從韓國實際的國家利益出發，卻很少有人願意或主張擺脫與美國的關係。不僅政府官員一再強調，對美關係是韓國對外關係的基石，不能使它在根本上發生裂痕；而且連激進的政治家也認為，為了韓國的國家利益，必須維護與美國的良好關係；而在

---

❹　金大中：《金大中哲學與對話集——建設和平與民主》

一般的人民中間，甚至在激進的青年學生中間，其對美國的批評意見，以及有時候表現出來的反美情緒也大都是針對各種具體問題，在總體上仍承認美國的重要作用。因此，面對美國時所產生的強烈民族主義意識，其實並沒有影響到其實際外交政策的機敏性與現實性。

有的韓國朋友認為，在今日韓國的對美關係中也存在著傳統的「事大」因素。因為關於國際秩序的理念已經改變，因此能否這麼說也還是可以考慮。不過，就其一方面為了自己的國家利益，對美國採取低調的外交姿態，一方面又保持強烈的民族意識，不忘自己的民族立場而言，其中也仍可以說活躍著朝鮮民族的傳統智慧，即以機敏和現實的外交政策，從強國那兒獲取實際的利益。這也是一種挑戰地緣政治命運的智慧，只不過其具體對象從過去的大陸王朝轉向今日的「超級大國」。

對中與對台的關係

直到 1992 年八月二十四日的中韓建交為止，在韓國建立後的四十餘年中，它一直保持了和台灣的外交關係，視其為「兄弟」之國的和「反共」盟邦，視其政府為「代表中國的唯一合法的政治」。尤其是從七十年代初以後，世界各國紛紛與台灣斷交，韓國遂成為台灣在世界上唯一像樣的外交伴侶，被台灣視為忠於「友誼」和「感情」的楷模。從時間表上來看。中韓建交落後於中日建交二十年，落於中美建交十三年。為了中韓建交的遲遲未能實現，韓國政府一直受到來自各方面的批評。

不過，其實早在建交前很久，韓國為了改善自己的地緣政治環境，以及給飛速增長的經濟尋找更廣闊的市場，便已開始逐步改變其對華政策，表現出更多的靈活性與現實性。

這一過程始於七十年代初尼克森訪中國大陸後不久，一直持續到 1992 年八月外交關係的正式建立。對於韓國逐步改變其對華政策的過程，台灣的韓國問題專家曾有過若干研究，儘管其立場和中國大陸完全不同，但是其中所提供的一些資料，頗有參考價值。

1973 年六月二十三日，朴正熙發表《總統關於和平統一外交政策之特別聲明》，其中關於外交政策的兩條是：「在互惠平等之原則下，對包含蘇俄及中共在內之所有國家開放門戶。」「以和平善鄰為對外政策之基本。」❺這被稱為是韓國外交的門戶開放政策，其中傳達了想要與中國大陸改善關係的重要信息。朴正熙之所以表明這種門戶開放的外交政策，恐怕與前不久的尼克森訪中國大陸之行不無關係。也是由於「實利外交、和平統一外交、安保外交的政策之實現，韓國均認為有賴中共之協助，而著手改善雙方關係。」❻

全斗煥任總統期間，繼續奉行了朴正熙的外交路線，在改善與中國大陸的關係方面，也有不少主動的表示與舉動。比如1981 年一月，他應美國總統雷根之邀訪美，在美國記者俱樂部講演時，答覆記者關於中韓關係的問題時說，中國是韓國的

---

❺ 林秋山，「朴正熙總統傳」，幼獅文化事業公司，一九七七，台北，第一八〇～一八一頁。

❻ 林秋山：《韓、匪關係發展之研究》，載王大任、林秋山主編：《中韓文化論集》第五輯，中華學術院韓國研究院，一九八五年十二月，台北，第三十三頁。

朋友的朋友。言之下意，也應該是、或可以是韓國的朋友。同年三月，在漢城宴請外交使團時他又表示，韓國政府將不受政治信念和體制不同的限制，積極推進「外交關係的多邊化」。同年三月底，韓國外務部長在科威特接受記者採訪時表示，在今後幾年內，隨著美國與中國關係的增進，韓國與中國的關係也有可能獲得改善。同年四月，全斗煥在接受《讀者文摘》記者採訪時表示，為推進與共產圈之接觸，將撤消「反共法」。同年五月，韓國外務部長在國會答覆議員質詢時表示，韓國無論在什麼時候，都有與蘇聯和中國建交的願望。同年七月，韓國外務部下令，為適應時局變化之需要，該部課長級以上人員，自當日起應接受中國語文或蘇聯語文之訓練。

　　1982 年六月，韓國開始對蘇聯、中國大陸發送觀光宣傳刊物。1983 年一月，韓國同意航行於日本和中國大陸之間的客機經過韓國飛航情報區。同年三月，韓國與中國大陸的電視台交換新聞節目播放。同年五月，中共民航局長沈圖率三十三人代表團赴韓，與韓國直接談判春川劫機事件。同年六月底，韓國外務部長李範錫在國防大學院講演，表示今後韓國外交的最大課題是尋求實現與蘇聯和中國關係的正常化。此後，韓國與中國大陸以體育活動為主，展開了一連串的交流活動。❼

　　一九八八年盧泰愚任總統後，也繼承了金斗煥的外交政策，進一步謀求改善同中國的關係。同年十月十一日，在國會回答議員金大中的質詢時，外務部長雀洸洙表示，韓國政府正

---

❼　林秋山：《韓、匪關係發展之研究》，載王大任、林秋山主編：《中韓文化論集》第五輯，中華學術院韓國研究院，一九八五年十二月，台北，第三十五頁。

在考慮與中國建交的問題：「在國際社會中，『真誠』必須取決於冷靜的（而且是仔細盤算的）民族利益。因此，『真誠』在外交關係中沒有容身之地……我們確信，我們對中華民國的關係總有一天必須重新加以審查。那時我們便不能不把我們對中國和其他國家的政策重新評估……我們和台灣的關係或明或暗，也在逐漸變化。這就是說，我們將要注視我們對華關係的累積。當我們覺得某一行動有利於我們民族時，我們便將作出必要的政策決斷。我們確信，這樣的時刻會到來的。」[8]

在其隱約模糊的外交辭令中，透露出較為明確的信息。盧泰愚任總統期間，全力推動「北方外交」政策，並最終迎來了中韓建交。從朴正熙到盧泰愚，在想要改善對華關係方面，據認為，有一以貫之的外交政策。

韓國政府想要改善與中共關係的意願，不僅出於其實際的國家利益之考慮，也因為受到國民和輿論界的推動。1982 年六月，《東亞日報》一項民意測驗表明，30.6％的人認為中（共）韓關係絕對需要改善，53.5％的人認為需要有某種程度的改善；17.5％的人認為中韓關係很快會改善，74.7％的人認為遲早會改善。同年九月，《中央日報》進行了一項民意測驗，其中對於「除美、日兩國外，你認為韓國最應接近的是哪一個國家」的問題，人們回答的結果是，中共以 13％名列第四，台灣反以 6.2％名列第六。同年十二月，該報對韓國領導層作了一次民意測驗，其中對於「對美國承認北朝鮮、蘇聯和中國承認韓國的所謂交叉承認作何想法」的問題，人們回答的結果是：45.2％的人認為如能馬上實現，應積極推進；42％認

---

[8]　金大中：《金大中哲學與對話集——建設和平與民主》。

為結果當然如此，但不必操之過急。

　　1984 年九月，《中央日報》的另一項民意測驗表明，無論對於「為經濟利益，最需具有密切關係之國家」的問題，抑是對於「為了保障國家安全，最需具有密切關係之國家」的問題，人們回答的結果是，中共都已繼美國和日本之後，名列第三。[9] 1988 年十月十一日，就與中共和台灣的關係問題，在國會質詢外務部長崔洸洙時，金大中代表反對黨要求政府，不管中共是曾將同韓國建立外交關係，韓國都應首先斷絕與台灣的外交關係，以明確表明自己的外交立場。[10] 因此可以說，在想要改變對華關係方面，從民間到政府，都有某種共識。

　　正如韓國朝野輿論所一再表明的那樣，韓國之所以謀求改善與中共的關係，主要是出於其國家安全和經濟利益的考慮。從其國家的安全利益來考慮。從其國家的安全利益來考慮，他們深知離開了中共的積極合作與參與，朝鮮半島便不可能會有真正的穩定與和平。從其國家的經濟利益來考慮，中國大陸豐富的資源與廣闊的市場，無疑為其未來經濟的繼續增長所必須，因而具有強大的吸引力。顯而易見，在與中國大陸及台灣的關係問題上，儘管韓國與美國和日本有許多年的政策差異，但是從其近二十年來的作為來看，它還是採取了跟上美、日的外交政策，以追求其國家利益。在它的各外交政策中，我們可以看出朝鮮半島歷史上那種對傳統外交智慧的重視。

---

[9]　林秋山：《韓、匪關係發展之研究》，載王大任、林秋山主編：《中韓文化論集》第五輯，中華學術院韓國研究院，一九八五年十二月，台北，第三十六頁。

[10]　金大中：《金大中哲學與對話集——建設和平與民主》。

一位台灣學者在其研究朴趾源的論文中，曾稱讚了歷史上中朝關係中的「感情」因素，亦順便稱讚了從前韓國的不棄台灣，「其對華態度大異於目前各國政客之現實作風。」「朴（趾源）文亦同時證明：歷代中韓關係之密切，非國力互異使然，乃因有濃厚之感情交流。此一因緣是源遠而流長的。今日舉世幾皆棄我，唯韓國仍與我同舟共濟者，亦基因於斯。是故可知韓人是如何明理達義，恩外分明！」[11]

　　此文發表於七〇年代末期，其時韓國的確仍與台友好。不過，正如前引韓國政府官員的話所表明的，「真誠」之類的感情因素在外交關係中沒有容身之地，它必須取決於冷靜、而且是仔細盤算的民族利益，所以韓國最終還是不顧「情面」地「拋棄」了台灣。其實，即使是上述文章中所提到的朝鮮王朝時期的「親明反清」思想，也只存在於一般的知識分子中間；而其時朝鮮王朝的外交政策，也仍是機敏與現實地棄明事清。在與中共和台灣的關係問題上，韓國的外交政策所表現出來的現實主義，可以說是其挑戰地緣政治命運的傳統智慧在現代的國際關係領域裡一個全新的發揮。

「北方外交」

　　在盧泰愚任總統期間（1988 年二月至 1993 年二月），其

---

[11]　林明德：《燕岩之親明反清思想及其中國觀》，載王大任、林秋山主編：《中韓文化論集》第四輯，中華學術院韓國研究所，一九七八年十月，台北，第二六二頁。

外交方面最引以自豪的成就是「北方外交」的展開與完成。與中共的建交，即是其中最重要的一環。

所謂的「北方外交」，是指與原社會主義各國的外交。由於韓國歷來處於原西方陣營，所以與西方各國關係密切，大都建立了外交關係；但是與原社會主義各國，卻基本上沒有什麼往來，也沒有正式的外交關係。這是歷史上東西兩大陣營的對立所造成的結果，也成了韓國所面臨的地緣政治命運的一個重要方面。

毫無疑問，在這種東西對抗的局面中，在這樣的地緣政治環境中，韓國不可能單獨解決其安全問題，勢必依賴美國等傳統的盟國，同時也取決於其與對立陣營的關係。正因為認識到了這一點，所以韓國的歷屆政府都一方面堅持其親西方的基本立場，一方面小心翼翼地謀求改善同對立陣營的關係。

早在廿世紀七〇年代朴正熙總統期間，當時韓國朝野便已經有了這方面的認識。1973 年六月二十三日，朴正熙發表韓國外交的門戶開放政策，傳達了也向原社會主義各國開放門戶的重要信息。同在七〇年代，有人曾對韓國人的外交觀作過一番調查。

對於「從今日的國際情勢來看，我（韓）國與共產國家建立外交關係是賢明之舉」的提議，一般國民中積極贊成的占 21％，大致贊成的占 32％，既不贊成也不反對的占 8％，大致反對的占 15％，積極反對的占 14％，未回答的占 10％；國會議員之中積極贊成的占 19％，大致贊成的占 46％，既不贊成也不反對的占 13％，大致反對與積極反對的各占 11％。

對於「從今日國內外現實來看，我（韓）國與共產國家從事商業往來並非賢明之舉」的提議，一般國民中完全贊成的占

22％，大致贊成的占 19％，既不贊成也不反對的占 4％，大致反對的占 26％，完全反對的占 22％，未回答的占 7％；國會議員中完全贊成的占 14％，大致贊成的占 14％，既不贊成也不反對的占 4％，大致反對的占 47％，完全反對的占 20％，未回答的占 1％。[12]

　　由此可見，即便在當時濃重的反共氛圍中，還有一半以上的國民和國會議員從現實的政治和經濟利益考慮，贊成與社會主義國家發展外交關係和從事商業往來；其中尤以國會議員更為積極。在八〇年代全斗煥任總統期間，也曾一再表示要不受政治信念和體制不同的限制，積極推進外交關係的多變化；為了推進與共產國家的接觸，並撤消其「反共法」；同時也有許多積極主動的動作。

　　1988 年二月盧泰愚任總統以後，把「北方外交」作為其外交政策的重心，同年七月七日，他發表題為《爭取實現民族自尊，統一與繁榮的特別宣言》，表明要努力改善同蘇聯、中共及其他社會主義國家的關係。1989 年二月，韓國與匈牙利首先實現了外交關係正常化；接著，同年十一月與波蘭，同年十二月與南斯拉夫，1990 年三月與捷克斯洛伐克、保加利亞、羅馬尼亞，同年九月同蘇聯，1991 年八月同阿爾巴尼亞；在短短三十個月時間裡，與東歐各國全部建立了外交關係。1990 年三月同蒙古，1992 年四月同越南，1992 年八月同中共，也先後建立了外交關係。「北方外交」遂告全面完成。[13]

---

[12]　李永鎬：《韓國人的價值觀》，一志社，一九七九年，漢城，第七十七～七十八頁。

[13]　韓國海外公報館：《韓國手冊》（中文版），一九九二年，漢城。

韓國展開其「北方外交」的根本目的，正如其政府所公開表明的那樣，是為了通過改善與原先的對立陣營的關係，謀求自己的安全與經濟利益，爭取在國際社會中更有利的地位，促成朝鮮半島緊張局勢的緩和，並創造有利於朝鮮半島和平統一的國際環境。其所取得的效果是眾所周知的——韓國得到了世界上大多數國家的承認，並得以和北韓一起同時加入聯合國，等等。

　　而在積極展開「北方外交」的同時，韓國也注意保持其與「盟友外交」的平衡，並讓這兩種外交流動互相支持，以增強在每一種外交中的實力地位。

　　關於這一點，金大中就說得很明確——

　　　　既然我們繼續實行「北方政策」，我們就應該鞏固與各個友好國家的現有合作關係。這種友誼甚至會有助於我們的「北方政策」。現有的關係如果受到損害，變得疏遠起來，我們將有可能被迫更進一步地倚靠那一邊。我認為這不是實施「北方政策」的辦法。[14]

　　其深層的意思也就是說，應該利用與西方各國的親密關係，尤其是與美國的親密關係，加強自身在「北方外交」中的力量；與此同時，不言而喻的是，「北方外交」的成功實施自然也有助於加強其在與西方盟友的關係中之力量。蘊涵在「北方外交」中外交政策的現實性與靈活性是不用多說而一目瞭然的。這種成功實施的「北方外交」也可以說是朝鮮半島傳統的

---

[14]　金大中：《金大中哲學與對話集——建設和平與民主》。

外交智慧在現代國際領域裡的一個最新發揮。

　　南北雙向外交的終極目標，恐怕還應在於謀求朝鮮半島的統一。既然朝鮮半島的分治是東西冷戰的產物，則為了朝鮮半島的統一而謀求各方合作自屬當然。原先對立的各方對朝鮮南北雙方的交叉承認，應該是走向全面合作的第一步。現在既然南方的「北方外交」已經完成，接著就要看北方的「南方外交」如何實施。這當然不僅取決於北方，而且還取決於西方各國。不管怎麼說，在這個問題上，金大中 1985 年的下述發言，應該說是相當明智的，體現了對於韓國和朝鮮半島所處的地緣政治環境的冷靜觀察，也表達了「北方外交」政策背後的真正精神——

　　　　我國國家安全的另一個決定性因素是四大國——美國、日本、中國和蘇聯——就半島問題進行合作。我國是世界上唯一一個為這四大國所環繞的國家。的確，我們必須時時記住我國基本問題中不尋常的地緣政治因素：半島上的南北兩方背後，各有兩個處於對峙狀態的軍事和統治大國。我們千萬不能忘記，如果我們要防止另一次戰爭，保證國家的持久安全，四大國的合作是絕對不可少的。[15]

　　雖然近十年來世局已經有了巨大的變化，但是這番發言所作出的某種提醒還仍然有效。那就是「解鈴還須繫鈴人」，那就是「解鈴先求解鈴人」。「北方外交」的成功實施可以說是這方面的一個聰明嘗試，也是超越既往歷史的一個有效步驟。

---

[15]　金大中：《金大中哲學與對話集——建設和平與民主》。

Chapter 7
文字：從漢字到朝鮮文學

　　對於朝鮮語的歸屬問題，學術界還有種種不同的看法。不過，一般傾向於認為，朝鮮語亦應歸屬於阿爾泰語系，和中國東北許多民族的語言一樣。這個語系的語言有一個共同特點：語法意義主要靠詞根後的語助詞來表示。所以這個語系又叫「黏著語」。這和漢語所從屬的漢藏語系主要以語序來表示語法意義的「孤立語」，顯然完全不同。

　　不過，直到十五世紀中葉，朝鮮王朝的世宗發明朝鮮文字以前，朝鮮民族一直都沒有自己的文字，一直使用來自中國的漢字，並大抵用漢文撰寫他們的文獻。即使在十五世紀中葉發明了朝鮮文字以後，一直到十九世紀中葉為止，他們也仍然繼續使用漢字為文，撰寫他們的官方文件和漢文作品。與此同時，漢字詞彙也大量進入朝鮮語，成為朝鮮語一個極為重要的組成部分。

　　從上個世紀末葉開始，隨著民族主義意識的覺醒，朝鮮文字受到空前重視，取代漢字，成為主要的書寫系統。而自本世紀中葉光復（指從日本殖民統治下獨立）以來，更是成了幾乎唯一的寫書系統。在朝鮮半島上使用了近兩千年的漢字遂有被

完全抛進「歷史的垃圾筒」的傾向。漢文的命運自然與漢字差不多；漢字詞彙在一定程度上也受到了影響。

回顧朝鮮語與漢語發生關係且接受影響的歷史，回顧漢字和朝鮮文字在朝鮮半島上命運的變遷，可以得到很多富有意義的啟示，有助於我們更深入地了解朝鮮民族的智慧。這種智慧使他們在對付自己所處的地緣文化環境時，能夠作出卓有成效的挑戰並不斷取得成功。

使用漢字的歷史和原因

處於中國周邊的一些民族和國家，換句話說，處於漢文化圈邊緣的一些民族和國家，大都先後不同和程度不等地接受過漢學和漢文的影響，並使用過漢字和漢文。類似的現象在其他文化圈裡也曾經發生過，比如古代的拉丁文化圈。

造成這種現象的一個原因是：在他們光有語言、尚無文字時，便開始與發達的漢文化接觸，從而自然難免受到漢字和漢文的影響。同時，即便在他們有了自己的文字之後，他們也仍樂意繼續使用漢字和漢文，以作為漢文化圈中共同來往交際的工具。

朝鮮半島使用漢字和漢文的歷史的開端，儘管現在已經無法完全了解，但一般認為可以追溯到紀元前後王國形成之初。《三國史記》的《高句麗本紀》中，有「國初始用文字」的說法，其「文字」當然應是漢字。在高句麗的早期，還有人編有七書《留記》一百卷。《高句麗本紀》緊接著「國初始用文字」後說：「時有人記事一百卷，名為《留記》。」公元 600

年，大學博士李文真將其刪修為《新集》五卷。（《三國史記》卷第二十《高句麗本紀》第八）

高句麗的歷史始於公元前一世紀，可見自那時起，便已使用漢字、漢文了。百濟使用漢字、漢文的歷史則要稍晚一點。

《三國史記》的《百濟本紀》記載：「《古紀》云：百濟開國以來，未有以文字記事。至是，得博士高興，始有書紀。」（《三國史記》卷第二十四《百濟紀》第二）此條記事記載於 375 年，可見其時百濟已使用漢字、漢文。又據《三國史記》的《新羅本紀》記載，真興王六年（545 年），「伊滄異斯夫奏曰：『國史者，記君臣之善惡，示褒貶於萬代，不有修撰，後代何觀？』王深然之，命大阿滄居柒夫等廣集文士，俾之修撰。」（《三國史記》卷第四《新羅本紀》第四）可見至六世紀時，新羅亦能以漢文撰修國史了。

以上這些史籍記載，並不能說明漢字、漢文開始傳入三國，以及三國開始使用漢字、漢文的確切時間，但至少可以為我們提供一些重要的座標。也許可以認為，漢字、漢文是以高句麗、百濟和新羅的順序，傳入並流行於朝鮮半島的。

從紀元前後漢字開始傳入朝鮮半島時起，至十五世紀中葉朝鮮文字發明時為止，在將近一千五百年的漫長時期裡，漢字和漢文一直是朝鮮半島唯一的書寫系統。即便在整個東亞漢文化圈中，這種現象也可以說是絕無僅有的。

漢字及漢文的傳入日本，一般認為是始於公元三世紀。在 284 年，百濟人阿直岐使日。翌年，受阿朝岐推薦，學者王仁和辰孫王等亦由百濟赴日。王仁原是中國人，是漢高祖的後裔，後來歸化了百濟。王仁到日本後，獻《論語》十卷、《千字文》一卷。這是漢字、漢文傳到日本的最初記錄。當然，漢

語和漢文的傳入日本，也許在此之前就有了，不過見於史料記載的，都以此為第一次。

日本古代沒有文字，其使用文字自漢學傳入時開始，故其最初使用的文字自然是漢字。這和朝鮮半島的情況一樣。而和朝鮮半島相比，其開始使用漢字的時間當然也晚了很多。

不過，日本發明自己的文字卻比朝鮮半島早得多。奈良時代的著名學者吉備真備赴唐留學十八年（752～771 年），回日本後執教於太學，根據漢字偏旁，創制了片假名字母。其後，平安時代的著名學者空海又根據漢字的草書，創制了平假名字母。因而，約在八、九世紀，日本的文字即已誕生，比朝鮮半島早了六百多年。

中國古代一些東北民族，其語言大都屬於阿爾泰語系，其文字則大抵有以下兩種情況。一是始終沒有本民族的文字。他們或者以較為原始的方法記事，或是接受和使用漢字、漢文。前者如東胡族、烏桓族，後者如鮮卑族、渤海族。二是一開始沒有本民族的文字，後來才加以創制的，如突厥族、西夏族、契丹族、女真族、蒙古族等。它們創制文字的過程當然各不相同，不過都有一個共同的特點，那就是都創制得相當早，大抵在它們的興盛時期都已經創制出來。

突厥族大約從公元六世紀下半葉起，開始使用自己的文字。這是中國北方遊牧民族中，首次出現的漢族以外族群的文字。契丹族崛起並統一東北以後，積極學習漢族和渤海族的先進文化，同時也吸收了回紇族的語言文字。據《新五代史》〈四夷傳〉附錄記載，遼太祖耶律阿保機借鑑漢字隸書的偏旁，製成了契丹文字，於神冊五年（920 年）詔令頒行，史稱契丹大字。天顯元年（926 年），契丹人選剌又借鑑回紇文，

亦借鑑漢字的偏旁，改制成另一種契丹字，史稱契丹小字。契丹字前後使用了三百餘年，至金明昌二年（1191 年）廢止，與契丹興衰的歷史相始終。西夏主李元昊於 1031 年登位後，即命仿照漢字，創制了西夏文字，並以之大量翻譯漢文典籍。金太祖完顏阿骨打於其生前創制了女真文字，其時約為十二世紀初。

蒙古族原先沒有文字，因其西鄰乃蠻人使用畏兀兒文字，故蒙古滅乃蠻後，自十三世紀開始，借用畏兀兒文字書寫蒙古語，記錄一些法令，同時也兼用漢字。至元六年（1269 年），八思巴創制蒙古新字，俗稱「八思巴字」，在各地推廣使用。1273 年，元使赴高麗，詔書「其文用新制蒙古字，人無識者。」（《高麗史》卷二十七〈世家卷〉第二十七元宗三）因其前皆用漢字也。大德十一年（1307 年），卻吉斡斯爾在畏兀兒字母的基礎上，改制成沿用至今的蒙古文字。❶

無論從民族屬性，抑從語言體系來看，朝鮮民族與上述各東北民族，以及日本民族，關係都比較接近，而且都是受到漢文化的輻射性影響，其處境亦大抵相同；但是在本民族文字的創制方面，朝鮮民族卻遲延於他們甚久。這真是一個饒有意思的現象。

在東亞漢文化圈中，甚遲創制本民族文字的還有越南。越南長期使用漢字，和朝鮮的情況甚為相同。在十三世紀上半葉的陳朝初年（陳朝創建於 1232 年），越南曾根據滇桂一帶土司所用的俗字，創制了漢字的別體「喃文」，用以書寫方言和俗語。但嚴格地說，「喃文」還不能算是真正的民族文字，真

---

❶　參見傅朗雲、楊暘：《東元民族史略》。

正的越南民族文字要到上個世紀末葉，越南擺脫中國的控制，成為法屬殖民地以後，羅馬化國語文字的創制才算是真正出現了。這樣看起來，越南文字的創制更遲於朝鮮文字。

不過，越南語與漢語屬於同一個語系，因而古代越南人之學習漢字、漢文，其困難程度要小於古代的朝鮮人；而且，至少比朝鮮半島早了兩個世紀，越南人已作了創制本民族文字的嘗試，儘管其結果不是很理想。因此，相比之下，朝鮮民族創制本民族文字的嘗試，仍然應該說是相當遲延的。

造成朝鮮民族遲遲不創制自己的文字之因，並不是因為他們不夠聰明，也不是因為他們的文字落後，更不是因為他們使用漢字、漢文沒有困難，歸根結柢──也許現代的朝鮮史家會有不同意見──是因為在歷史上他們曾經太崇尚漢文化，太受到漢文化的吸引，太尊奉漢文化圈的價值觀念。這一點，是不能因為現代時尚已經改變而加以否認的。

朝鮮文字創制當時及以後，一直受到很多朝鮮人的反對。看看他們反對創制朝鮮文字的理由，便可明白朝鮮文字遲遲未能創制出來的原因。如 1444 年一月（1443 年農曆十二月），朝鮮世宗創制朝鮮字母二十八個。同年，集賢殿副提學崔萬理等上疏反對，其反對的理由大致如下──

　　一、我朝自祖宗以來，至誠事大，一遵華制。今當同文同軌之時，創作諺文，有駭觀聽。倘日諺文皆本古字，非新字也，則字形雖倣古之篆文，用音合字，盡反於古，實無所據。若流中國，或有非議之者，豈不有愧於事大慕華？

　　二、自古九州之內，風土雖異，未有因方言而別為

文字者；唯蒙古、西夏、女真、日本、西蕃之類，各有其字，是皆夷狄事耳，無足道者。傳曰：用夏變夷，未聞變於夷者也。歷代中國皆以我國有箕子遺風，文物禮樂比擬中華。今別作諺文，捨中國而自同於夷狄，是所謂棄蘇合之香，而取螗螂之丸也，豈非文明之大累哉？……

（《朝鮮王朝實錄》世宗實錄卷第一百之第二十頁 a）

　　從他反對朝鮮文字的理由來看，當時一般人關於漢字的觀念是：漢字不僅是世界上（當時人心目中的）最高級的文字，而且也是世界上最普遍的文字；其他中國周邊民族所創制的文字都是沒有任何價值的夷狄之末技；朝鮮民族仰慕和追隨漢文化，自應完全使用漢字，而不應創制自己的文字；如果創制自己的文字，那就等於背離了優秀的漢文化，而自甘墮落到夷狄中去了。

　　我們認為，朝鮮民族之所以遲遲未能創制自己的文字，其原因也就是直到世宗及其周圍學者等少數人出現之前，在朝鮮歷史上的大部分時期裡，大多數朝鮮人，尤其是朝鮮的讀書人，都具有如上所述的心理之故。崔萬理的上述發言，可以說只是其典型的表現之一而已。

　　為了平息崔萬理這樣的反對者，世宗運用君權，把他們關了一天，這才迫使他們閉上嘴巴。但事實上的反對和輕視的態度卻是行政手段所不能阻擋的。

　　作為其表現之一的是：儘管於 1446 年正式頒布了「訓民正音」，也就是朝鮮文字，但是直到十九世紀末葉為止，朝鮮王朝也還是仍然利用漢字撰寫他們的官方文件和歷史著作；而一般的貴族知識分子也仍然利用漢字，撰寫他們的漢文文學作

品，編起汗牛充棟的漢文文集。

作為其表現之二的是：當時人稱朝鮮文字為「諺文」，意思是不正式的文字，以與「正式」的文字漢字相對，而處於低一級的地位。這與日語中稱漢字為「真名」，稱日本文字為「假名」的情景一樣，同樣反映出當時的人對漢文的尊崇態度。

作為其表現之三的是：朝鮮王朝第十代國王燕山君在位期間（1494～1506年），因為誹謗他橫暴的文書是用朝鮮文字寫成的，他竟下令禁止教學朝鮮文字，並把用朝鮮文字寫成和譯成的書都集中起來燒掉，使用朝鮮文字及知情不報者都將受到嚴懲。如果不是出於對本民族文字的刻骨輕視，恐怕即使是暴君，也不會做出這種事來。

當時的朝鮮人之所以還能繼續學習朝鮮文字，竟是靠了一本由學者崔世珍所著的漢文入門書《訓蒙字會》，因為在其中所收的三千三百六十個基本漢字下面，附有用朝鮮文字撰寫的注釋。這本書因而被後人看作是普及朝鮮文字的功臣。

上述種種尊崇漢字和輕視本民族文字的表現，其背後也大抵潛含著與崔萬理同樣的心理；也可以用來解釋朝鮮文字遲遲未能創制的原因。

顯而易見，如上所述的尊崇漢字和輕視本民族文字的心理和表現，無疑是以中國為中心的漢文化圈價值觀的產物。在漢文化圈周圍的各民族和國家中，或多或少都出現過類似的心理和表現，只不過以朝鮮民族表現得更甚一些而已。

類似的心理和表現在其他文化圈中也曾出現過，比如在拉丁文化圈各民族和國家中，都曾經歷過尊崇拉丁文而輕視本民族文字的歷史階段。

隨著時代風尚的劇變，以上這種尊崇漢字和輕視本民族文字的心理和表現，受到現代朝鮮史家的猛烈批評，認為這是過於崇尚中國文化，而缺乏民族自主意識的表現。他們的批評無疑是正確的。不過對於歷史來說，理解也許比批評更為重要。我們認為，即使在朝鮮半島長期使用漢字的歷史中，也蘊涵著朝鮮民族挑戰地緣文化命運的卓越智慧。

　　和地緣政治環境一樣，比起日本和越南來，在地緣文化環境方面，朝鮮半島也因更靠近漢文化圈的中心，而更容易受到中國文化的影響。這在朝鮮半島的歷史上，和現代的一些民族主義者的觀點相反，曾長期被看作是一個有利的因素。在還沒有自己文字的情況下，為了更方便地引進漢文化，以促進本民族文化的孕育和生長，直接使用能與中國溝通的文字，無疑是一個最為快捷的辦法。

　　正由於能夠直接使用漢字，因此可以直接學習中國的文化典籍，並模仿中國的文化典籍，創作自己的文化典籍。朝鮮半島的史學和文學等，便都是如此發展起來的。整個朝鮮的古代文化，其相當大的比重是在漢字書寫的文獻方面；其相當大部分的成就也是在漢字書寫的文獻方面取得。後來的朝鮮文字的文化，也是在漢字文化的基礎上發展起來的。長期以來漢字的使用，極大地促進了朝鮮文化的發展；如果當初不使用漢字，也就不會有後來高度發達的朝鮮文化。

　　在東亞漢文化圈中，漢文化程度的高低曾經是決定一個民族或國家地位高低的標準；正如在今天的世界上，平均國民生產總值和社會發展指標具有同樣的效用一樣。

　　而直到十九世紀末葉為止，在整個東亞漢文化圈中，朝鮮半島的漢文化程度僅次於中國，可以說是中國周邊民族或國家

中最高的，因此它曾經獲得「小中華」的美稱（儘管現在很多人並不認為這是美稱）。這在當時提高了它在漢文化圈中的地位，也增強了它的民族自信心和自豪感。朝鮮半島歷史上看不起契丹、女真、西夏、蒙古、滿族，乃至日本，便是因為它認為它們在漢文化程度上不及自己。朝鮮民族的文化自豪感，相當一部分來自於自己的漢文化程度。比如朝鮮歷史樂於稱道的公元三世紀王仁給日本帶去了文化，其實王仁所帶去的正是以《論語》和《千字文》為代表的漢文化。

朝鮮民族的漢文化程度之高，也使它獲得了其他民族和國家的尊敬。比如北宋皇帝遣使高麗，「以本國（高麗）尚文，每賜書詔，必選詞臣著撰，而擇其善者。所遣使者，其書狀官必召赴中書，試以文，乃遣之。」（《高麗史》卷九世家卷第九文宗三）1231 年蒙古起兵入侵高麗之初，兩國來往的外交公文，高麗用的是純正典雅的古文，蒙古用的是粗俗難解的口語；而直到 1278 年，元世祖忽必烈還對前來朝見的高麗忠烈王說：「朕不識字粗人，爾識字精細人。」（《高麗史》卷二十八世家卷第二十八忠烈王一）這些都是「面子」上的事情。在外交和國際關係方面，國家的「面子」當然很重要。

因此，總的來說，朝鮮半島利用最接近漢文化圈中心的地緣文化環境，通過長期使用漢字和漢文，直接吸收先進的中國文化，同時提升和發展自己的文化，並使自己在東亞漢文化圈各國中，上升到僅次於中國、而高於其他各國的地位，以此贏得了包括中國在內的其他各國的尊敬，並因而獲致文化上的自信心和優越感。這裡面當然會有「事大」的因素，但無疑也包含有智慧的成分。如果不經過這個階段，則今日朝鮮不僅不會有其發達的文化傳統，抑且不會有其基於此傳統而來的文化上

的自信心和優越感。這是過河的橋或高樓的基礎，是不能因時間的轉變而加以否定的。

吏讀與言文一致的努力

不過，善於學習和吸收，這還只是朝鮮民族智慧的一個方面；善於創造和更新，同樣也是朝鮮民族智慧的重要方面。即使是長期以來一直尊崇和使用漢字和漢文，但是朝鮮民族也一直並未放棄使言文一致的努力：十五世紀世宗的創制朝鮮文字是其一例，七世紀末統一後的新羅時期薛聰創制吏讀是是其又一例。

如前所述，朝鮮語與漢語分屬不同語系，因此對朝鮮人來說，使用漢字、漢文有很多困難。最根本的困難來自語法的不同。為了讀漢文和本民族語言取得協調，於是新羅人發明了「吏讀」這種寫作朝鮮語式漢文的妙法。

所謂「吏讀」，意思是「用於吏文句讀之文字」（「讀」是「句讀」之「讀」）。具體一點說，就是借用漢字的音或訓，來表示朝鮮語的副詞、助動詞和助詞等，讓它們和完全的漢字名詞、動詞和形容詞等一起，依照朝鮮語的語法規則，組成朝鮮語式的漢文，使朝鮮人可以更容易明白。

「吏讀」又叫「吏頭」、「吏套」、「吏道」、「吏吐」，意思都大致相同或相近，其朝鮮語發音也很接近。「吏讀」中朝鮮式表現的使用程度多少不等。其中「吏吐」大抵只使用於助詞，類似於日本的訓點，因而雖然與「吏讀」在本質上一樣，但在範圍上卻有差異。「吏套」則是強調其使用上的

規範性。

　　相傳「吏讀」為統一後的新羅初期（七世紀末）的薛聰所創制，但實際上早已產生於公元五世紀，只不過到薛聰的時代，又獲得了整理和發展而已。後經高麗王朝的發展，直到朝鮮王朝，也還在使用。

　　正式的官方文書和歷史著作，以及與中國來往的外交文書，當然不使用「吏讀」，而是使用譯釋的漢文。只有在官府間和民間，才常常使用「吏讀」文。在當時人的心目中，這只是比漢文低一級的文體，但是對一般的官民卻很方便。其地位與價值，在上引崔萬理等的上疏中，被表述得相當明確——

　　　　新羅薛聰吏讀，雖謂鄙俚，然皆借中國通用之字，施於語助，與文字元不相離。故雖至胥吏僕隸之徒，必欲習之。先讀教書，粗知文字，然後乃用吏讀。用吏讀者，須憑文字，乃能達意，故因吏讀而知文字者頗多，亦學習之一助也……吏讀行之數千年，而簿書期令等載無有防礙……吏讀雖不外於文字，有識者尚且鄙之，思欲以吏文易之……

　　　　　　（《朝鮮王朝實錄》世宗實錄卷第一百三第二十頁 a～b）

　　可見「吏讀」在當時人的心目中，其地位雖低於漢文，卻高於民間一般使用的口語及後來世宗創制的「諺文」。所以當世宗創制朝鮮文字時，崔萬理等要以「吏讀」來反對它。

　　新羅和高麗時代的「吏讀」文獻保存不多，僅見於《三國遺事》和《釋均如傳》的歌謠，以及其他一些金石文字。但以朝鮮王朝使用之普遍來看，當時在公私文書中亦應該已廣泛使

用。越往後，其使用範圍也越擴大，尤廣泛用於公家法律和民間買賣。

「吏讀」文體傳入日本以後，成為「萬葉假名」的先軀。「萬葉假名」應用於《萬葉集》、《古事記》和《日本書記》諸書中。❷

對一般的讀者來說，「吏讀」文也許過於難懂，因此我們僅介紹一篇早於「吏讀」的朝鮮式漢文，其中尚未使用漢字來表示朝鮮語的助詞和助動詞等，但是卻已經採用了朝鮮語式的語序，可見後來「吏讀」文萌芽之一斑。1930 年，在慶州發現一塊新羅刻石（現存慶州國立博物館），上面有朝鮮語式的漢文一篇，其原文是這樣的——

> 壬申年六月十六日，二人並誓記，天前誓；今自三年以後，忠道執持，過失無，誓。若此事失，天大罪得，誓。若國不安，大亂世，可容行，誓之。又別先辛未年七月廿二日，大誓，《詩》、《書》、《禮傳》論得，誓三年。

這是一篇用漢字寫的漢文，但是其語法卻與漢語有別，是朝鮮語式的，因此這是一篇朝鮮語式的漢文。其中最明顯的區別在於與漢語的謂語加賓語結構不同，它總是採用賓語加謂語的結構。比如「忠道執持」，按漢語語法應為「執持忠道」，「過失無」應為「無過失」，「此事失」應為「失此事　」，

---

❷ 參見朝鮮總督府：《吏讀集成》，近譯印刷部，一九三七年，京城；民俗苑影印本，一九九二年，漢城。

「天大罪得」應為「得天大罪」。其他如：「今自」應為「自今」，「天前誓」應為「誓於天前」，等等。「文是我邦語式，而其文套尤古樸，必是先於吏讀之文套，只是鄉札文之古形。竊意此其借漢字而記述邦語之始，自此又變而吏讀也；故雖曰短簡，此為重要資料，固不待言。」❸所謂「吏讀」，便是在類似這樣的朝鮮語式漢文中，再進一步加入由漢字音譯的朝鮮語的助詞和助動詞等而已。

由這篇朝鮮語式的漢文亦可看出，早在漢字和漢文傳入朝鮮半島後不久，朝鮮人民便已經開始進行民族化的嘗試了；而從新羅時期發展起來，經過高麗王朝，成熟於朝鮮王朝的「吏讀」文，則更是朝鮮人民這方面努力的一個明顯結果，其精神實質和後來的創制朝鮮文字有相通之處。所以對於以「吏讀」來反對「諺文」的崔萬理等人，世宗回擊以：「吏讀製作之本意，無乃為其便民乎？如其便民也，則今之諺文，亦不為便民乎？汝等以薛聰為是，而非其君上之事，何哉？」（**《朝鮮王朝實錄》世宗實錄卷第一百三第二十一頁 a**）可謂洞達其微。可以說，儘管在民族化的徹底性上，「吏讀」比不上「諺文」，但是在民族化的努力這一方面，「吏讀」卻同樣反映了朝鮮民族的智慧。

當然，從「萬葉假名」到片假名和平假名，日本只花了短短的一、兩百年時間；但是從「吏讀」到「諺文」，朝鮮半島卻花了一千年來的時間，這一點與日本形成鮮明的對照。其原因我們在上文已經介紹過了，大抵是由於過於尊崇漢字、漢文

---

❸　李丙燾：《韓國儒學史略》，亞細亞文化社，一九八六年，漢城，第三十四頁。

之故。

朝鮮文字的創制和應用

不過，和「吏讀」相比，更能表現出朝鮮民族之智慧的，畢竟還應數朝鮮文字的創制和應用。

經過約十五個世紀漢字的使用以後，十五世紀中葉，朝鮮民族終於創制出自己的文字。也許是由於已經遲延得過久了，也許是由於對漢字的長期崇拜所引起的反作用力也隨著時間的推進而與日俱增，也許是由於對其他民族文字的長期觀察，也許是由於民族主體意識的逐漸強化，十五世紀中葉所創制的朝鮮文字，一下子就達到了很高的科學水準，而且在民族化的徹底性上也引人注目，成了漢文化圈中一種優秀合理的拼音文字系統。

1444 年一月（1443 年農曆十二月），朝鮮世宗創制了朝鮮字母二十八個，稱為「訓民正音」，又稱為「諺文」。

> 是月、上親制諺文二十八字。其字仿古篆，分為初中終聲，合之然後乃成字。凡於文字及本國俚語，皆可得而書。字屬簡要，轉換無窮。是謂訓民正音。
> （《朝鮮王朝實錄》世宗實錄卷第一百之第四十二頁 a）

世宗創制了二十八個字母以後，成之問等八位學者又對之作了詳細的解釋。

世宗創制朝鮮文字的動機，既是為了實用的目的，也是基

於強烈的民族自主意識。《東國文獻備考》的《東考》「訓民正音」條云：「上以為諸國各制文字，以記其國之方言，獨我國無之，遂制字母二十八字。」《訓民正音》一書開宗明義亦云：「國之語音，異乎中國，與文字不相流通，故愚民有所欲言而終不得伸其情者多矣。予為此憫然，新制二十八字，欲使人人易習，便於日用矣。」

倘將此和後來崔萬理等人反對的理由參研，則可以看出世宗表現了明確的國家和民族意識。這使他認識到本國語言與中國語言的不同，創制本國文字的重要性和必要性，以及其他民族創制自己文字的苦衷。在當時尊崇中國文化的時尚之中，他的行為具有一種勇敢的反潮流精神。

儘管有些儒者攻擊世宗創制朝鮮文字，是輕率冒失和玩物喪志，但是像朝鮮文字這樣合理的拼音文字，顯然不是隨隨便便就能創制出來的，一定凝聚了世宗的智慧和心血。《東國文獻備考》的《東考》「訓民正音」條也提到，當時明翰林學士黃瓚住在遼東，世宗曾派人去向他請教，使者來來往往有十三次之多，可見世宗態度之慎重。

朝鮮文字既是音素文字，又是音節文字。其子音（輔音）字母橫仿發聲器官和形狀，母音（元音）字母象徵天、地、人三才；筆劃方式學習古篆；用音合字為獨創，但字母不像其他拼音文字，作線性排列，而是像漢字一樣以音節為單位，構成一個個方塊字，此又模擬漢字；其他又參考梵字和蒙古字等文字。博採眾長，匠心獨運，方成此優秀合理之拼音文字。正如《訓民正音》各家序文所說，它具有非常完美的表音功能——

凡中國字以形為主……蒙古字以聲為主。今諺文與

中國字絕異。（李謨）

　　其字體依梵字為之，本國及諸國語音文字所不能記者，悉通無礙。（成俔）

　　因聲而音叶，七調三極之義，二氣之妙，莫不該括。以二十八字而轉無窮，簡而要，精而通……字韻則清濁之能辨，樂歌則律呂之克諧。無所用而不備，無所經而不達。雖風聲鶴唳，雞鳴狗吠，皆可得而書焉。（鄭麟趾）

　　這種完美的表音功能，使朝鮮文字不僅能無憾地表現本民族的語言，抑且能方便地吸收其他民族的語言。過去的吸收和轉化漢字詞是如此，現在的吸收和轉化西洋語詞（尤其是英語詞）亦是如此。

　　世宗創制了朝鮮文字以後，先進行了一系列的實驗工作。比如以之翻譯漢文經典，或者創作《龍飛御天歌》等等。證明其切實可行之後，才於 1446 年農曆九月上旬（公曆十月九日，現在在韓國已經被定為「韓國文字節」），正式頒布天下。

　　朝鮮文字創制並頒布以後，由於時代風尚仍尊崇漢字，所以並沒有馬上流行開來。但是從十七世紀左右起，尤其是在亦受輕視的小說和時調等文學樣式裡，文人開始使用朝鮮文字進行創作，並把它們加以出版，取得越來越大的影響。在小說方面，許筠的《洪吉童傳》，可說是最初的朝鮮文小說；金萬重的《謝氏南征紀》和《九玄夢》，以及《春秀傳》、《沈清傳》和《興夫傳》等，都是用朝鮮文字寫成的。在時調方面，《青丘永言》、《海東歌謠》和《歌曲源流》等時調集先後被

編輯出版，改變了過去只有漢詩文集才做編輯出版的傳統。可以說，在通俗文學的創作領域中，朝鮮文字初次顯示了其強大的生命力。

然而，對朝鮮文字和漢字之態度的根本逆轉，則直到上個世紀末葉才悄然來臨。根本的原因是由於中國清末的日趨衰落，已失去了它在東亞國際秩序中傳統的領導地位，以及由此而保有的文化上的影響力和輻射力；同時也由於作為世界性潮流的一環，朝鮮人的民族主義意識開始覺醒。由於這樣根本的原因，時代風尚開始發生巨變，漢字不再享有它曾享有了約兩千年的尊崇，而朝鮮文字則開始作為民族主體性的象徵而受到空前的重視。

時代風尚的變化是逐漸而穩步進行著的，其時報紙用字的變化堪稱晴雨表。1883 年，第一家政府報紙《漢城旬報》出版，該報只用漢字。1886 年改為「漢城日報」，復刊之後，開始漢字和朝鮮字並用。第一家私營報紙《獨立新聞》創辦於 1896 年四月，純用朝鮮文字。第一家日報《每日新聞》，1898 年四月創辦，也純用朝鮮文字。由此可見，朝鮮最早的報紙用字，大約以中日甲午戰爭前後為分界線，而由漢字向朝鮮文字變化。這與當時政治方面的動向保持同步。

從 1895 年中日《馬關條約》簽訂，日本取得對朝鮮半島的控制權起，到 1945 年朝鮮半島光復，日本影響退出朝鮮半島為止，這半個世紀可以說是朝鮮文字和漢字的混合使用期。其時的官方文件和報紙、書籍都採用新的混合書寫體系，頗類似於現代日文的情況。在日本的殖民同化政策威脅之下，朝鮮語言和文字被看作是民族精神和文字的基礎，受到民族主義意識強烈的現代朝鮮半島語文學者的深切關注。作為整個朝鮮民

族爭取獨立運動的重要一環，研究和普及朝鮮語文運動一直發揮著重要的啟蒙作用。

1945 年八月朝鮮半島光復以後，雖然不久南北分裂為兩個國家，但都採取相似的文字政策，即只用朝鮮文字作為書寫系統，而不再採用朝鮮文字與漢字混用的書寫系統。朝鮮民主主義人民共和國和中國大陸的朝鮮族，從五十年代上半期起，已逐步取消採用漢字。韓國（南韓）則於 1948 年十月公布了專用朝鮮文字的法律。

在韓國，雖然隨著各個時期文字政策的變化，採用漢字的情況各不相同，但主要只使用朝鮮文字則是沒有疑問的。這與現代日文的情況形成鮮明的對照。這與戰後盛行的民族主義潮流，顯然亦具有密不可分的關係。創制並頒布了朝鮮文字的世宗，被當作文化方面的民族英雄，而受到極度的尊崇。他的塑像矗立在每一所小學的校舍前面，和軍事方面的民族英雄李舜臣將軍的塑像左右相對。他的畫像還被印在最大面額的一萬圓鈔票上。在小學生的練習本上，印著「愛國語，愛國家」的口號。十月九日被定為「韓國文字節」，全民放假一天。反對無限制地使用外來語，強調愛用國語的「國語淨化運動」，作為民族主體性運動的一環，一直持續不斷地進行。

在現代的韓國，朝鮮文字作為民族主體性的象徵，已經受到極度重視。經常可以聽到一些極端的主張，認為應像北方那樣乾淨徹底地取消夾用漢字，只用朝鮮文字。具有反政府傾向的《韓喬來（譯音）新聞》便以只使用朝鮮文字而聞名。雖然在韓國的幾十家報紙中它顯得與眾不同，但卻也因此常常贏得有民族主義傾向的青年學生之歡迎。

回顧朝鮮文字從創制到現在的歷史，常常使人驚訝於其命

運變化之劇烈。把崔萬理等人上疏中的觀點，與今日民族主義者的觀點放在一起作一對比，不禁使人懷疑它們簡直不是出於同一民族之口。的確，當朝鮮民族尊崇漢文化時，他們曾遲遲不創制自己的文字，或者即使創制了自己的文字，也遲遲不正式使用它；但是當朝鮮民族發揮自主性時，他們又能創制出這麼完美的文字，足以自立於世界文字之林而無愧色，又這麼徹底地重視自己的文字，並竭力排除任何的外來影響。這兩個方面的極端性，在東亞漢文化圈中皆屬罕見，都讓人留下深刻的印象。

在前一種極端性的行為當中，我們曾經發現過朝鮮民族的智慧；在後一種極端性的行為當中，我們也能發現同樣的智慧。那就是在挑戰地緣文化命運的時候，不僅努力於學習和吸收鄰國的先進文化，而且只要一有機會，便致力於創造和更新自己的民族文化。唯其如此，所以既能使自己的文化上升到先進文化的水準，又能使自己的文化保持明顯的民族特性。

這正如在挑戰地緣政治命運時，他們在力量對比過於懸殊時，不惜順應以保有自己，在對方衰落以後，又馬上奮起以圖恢復一樣。

因此，在上述兩種極端性的行為之間，也許的確存在著一種隱秘的共通性，那就是無論是尊崇外國的文化（如歷史上的仰視漢文化），抑是尊崇自己的文化（如現代的愛國語運動等），其根本目的都只有一個，那就是向世界潮流看齊，提升自己的文化地位，並以此求得他國的尊敬。

所以嚴格說起來，改變的只是時尚，而其內在精神卻是一脈相通的。正是在這裡，我們可以看到那種相似的對國際形勢的敏感性，以及與此相應的，現實、機敏的文化政策，一如其

在外交方面所表現出來的那樣。

漢字在現代的命運

從上個世紀末開始，隨著朝鮮文字日漸受到重視，漢字的命運也開始發生逆轉。漢字先是失去了「唯我獨尊」的地位，和朝鮮文字一起被混合使用。

從中日《馬關條約》簽訂，到 1945 年朝鮮半島光復，其間的情況大抵如此。然後，從 1945 年朝鮮半島光復時起，漢字便開始進入「蒙難」期。南北雙方都先後採用取消夾用漢字，專用朝鮮文字的文字政策。在韓國，從美軍軍政時代開始，就有人議論紛紛，主張廢除漢字。韓國政府成立後不久，即於 1948 年十月頒布專用朝鮮文字法律，圖以政府的行政力量，徹底排除漢字勢力。

不過，漢字在朝鮮半島上已被使用近兩千年，漢字詞彙也已深入朝鮮語言的內部，要完全廢用漢字的確有困難。因此，長期使用漢字的文化傳統，與現代流行的民族主義意識，經常圍繞著漢字的使用問題而發生衝突，使得人們對漢字的態度也經常紛歧而莫衷一是。

比如，韓國學校的文字政策，幾十年來便一直反反覆覆，時而全用朝鮮文字，時而恢復教授漢字，時而限制漢字學校，學生們常感無所適從。

我曾訪問過一個農民家庭，位於江原道的偏僻山裡。那韓國傳統農舍的廊柱上，到處都貼有漢字的對聯，其內容、書法和貼法等，與中國農村沒什麼兩樣。這是年老的主人所為，年

輕人已不懂其內容。這表明了漢字傳統在民間的頑強存在，但也顯示了因教育政策的變化，導致兩代人之間產生文化代溝。

矛盾也在街道的招牌上也反映出來。林林總總的商店招牌大部分是朝鮮文的，但也間有夾雜漢字、或者洋文的。有時光看招牌，你就能理解主人的心情。那些洋文招牌，給人以時髦的感覺，表明該商店是為年輕人服務的，大抵是咖啡座或精品座之類；那些漢字招牌則給人以文質彬彬的感覺，表明店主人的守舊老派傾向，其服務對象也以中年以上的人為多。我常常聽到這兩種招牌的批評意見，認為它們破壞了「國語」的純潔性。

在韓國的農村裡，有一種叫做「書堂」的教育機構，頗類似於以前中國農村的私塾。在以前的悠久歲月裡，它一直擔負著教農村孩子識漢字的任務。由於光復後只教朝鮮文字的教育政策，漢字、漢文被排除於學校教育之外，所以很多書堂也因此關閉了。最近學校教育中已復活了漢字教育，所以那些關閉了的書堂也紛紛再開，由村子裡的長者做先生，在晚上教小孩子認識漢字，教材則往往是《千字文》。❹

說起《千字文》，最近在韓國似乎很流行，馬路邊的小攤上，經常可以看見《千字文》的掛片，它與瑪麗蓮・夢露、麥可・傑克遜、美國自由女神等等風景畫片掛在一起。在我的中文系的學生中間，似乎也有不少人在傳抄《千字文》。

韓國的各大報紙，除了《韓僑來新聞》以外，大都仍程度不等地夾用漢字。當然夾用得不多，與日本不能相比。其他一般的雜誌也是如此。由於韓國政府只規定了中學和高中的教育

---

❹　伊藤亞人編：《韓國》，弘文堂，一九八七年，東京，第二三二頁。

用基礎漢字各九百個，但並未規定常用漢字（日本政府規定了一千八百五十個常用漢字），因此漢字的夾用與否和夾用多少，沒有什麼統一的規則和標準，全憑人們自己隨心所欲地決定。因此你可以看到一本小說，裡面一個漢字也不使用；你也可以看到一篇學術論文，裡面充斥著漢字。

儘管「愛國語」是「愛國家」的標誌，但是愛用漢字的人仍然不少。多用漢字能使人顯得有學問，多用漢字的文章顯得莊重典雅。在《東亞日報》等大報上，經常可以看到一些名人的訃告，有時竟是用純粹的漢文撰寫的！順便說一句，墓碑上也多用漢字。

傳統的書法只用漢字，不用朝鮮字。但是現在的書法，既有朝鮮字，也有漢字。朝鮮字本仿古篆筆劃，因此朝鮮字書法，其風格也頗類篆書，顯得典雅古拙，別有一番風味。聯想到日本的平假名，因取自中國的草書，故其假名書法亦以草書見長。不過，無論如何，漢字的書法是無法取消的，因為書法家都喜歡它。

漢字教育的不足或受忽視，也引起現代人與古代文化之間的隔閡。在我和韓國朋友一起外出旅行時，經常會出現這樣一類令人感慨的場面：面對一些名勝古蹟的原漢字題名或題辭等，他們作為本國人卻不知其義，反要我這個「外國人」對他們作一番解釋。

還有圖書館裡那汗牛充棟的古代文獻，大都是用純正的漢文寫成的，但是現在卻很少有人能夠利用它們。一般的人連漢字都認得不多，更何況是要看古漢文的文獻了。受過專門訓練的專家學者人數太多，而且由於他們已經遠離了漢文的傳統，因此對漢文的語感已遠不如從前。即使是出於著名學者之手的

漢文標點，也常常出現一些由於語感缺乏而導致的錯誤，令人為之深感惋惜。

《韓喬來新聞》完全不用漢字，因此碰到中國的人名、地名時，它就採取音譯的方式。為了追求譯音的準確，中國的人名和地名常常被譯成比原來更多的音節。這在習慣於表音文字的他們來說，算是以譯音的準確、近似來尊重對方；但對習慣於一字一音的中國人來說，卻帶來了奇怪、不習慣的感覺，一邊是更重視發音，一邊是更重視字形，以後如何協調，也的確是一個難題。

經常聽到關於漢字的各種各樣的議論。現在有很多人認為，學習漢字不僅不會影響學習效率，反而還有開發兒童智力、提高朝鮮語能力的功能。漢字補習班的招生廣告常常會列舉這方面的統計資料，以證明小孩學習漢字的好處。

有一則廣告的標題是：「國語詞彙的百分之七、八十是漢字詞彙，不懂漢字行嗎？」很多名門大學，如國立漢城大學、延世大學、成均館大學、高麗大學等，已在醞釀從今年起重開漢文教育課程。

回顧最近一個世紀以來，尤其是最近五十年以來，漢字在朝鮮半島的命運，讓人產生很深的感慨。這不僅是因為其命運已大不如前，而且也是因為其命運還在變化之中，而且其變化的趨向尚不分明。毫無疑問，為了消除歷史上中國文化的影響，走上民族文化自主發展的道路，消除漢字在朝鮮語文中的影響自是一個首要的環節。各種各樣有關漢字的措施，其精神都可以這麼來理解。而且，正因為在歷史上漢字長期享有「唯我獨尊」的地位，因此在破除其影響時就尤其有必要「矯枉過正」。這和日本的情況作一下對比就更容易明白了。

漢字在日本歷史上並未享有過像在朝鮮歷史上那麼高的地位，所以除了本世紀初曾一度有過較為偏激的議論之外，在現代亦未遭到「掃進歷史垃圾堆」的命運。

因此，我們把最近半個世紀以來漢字的「蒙難」看作是朝鮮民族走向文化自立的必要一步，也看作是他們在民族主義的世界潮流推動之下，挑戰自己的地緣文化命運的聰明之舉，同時也看作是自上個世紀下半葉以來，中國失落其在東亞漢文化圈中的影響力之象徵。這樣來看問題的話，我們就不必糾纏於使用漢字之利弊的技術性問題了。

由於以上所述的各種理由，因此要推測漢字命運的變化趨向，現在還為時過早。無論是過去的獨尊漢字，抑是現在的排斥漢字，都是對漢字過於敏感的表現。也許將來有可能會達到這麼一種階段：不再對漢字過於敏感，使用不使用只是出於需要。當然這有賴於朝鮮民族文化自信和自主性的完全確立，也有賴於東亞漢文化圈各國關係的進一步發展。

無論如何，漢字是東亞漢文化圈人民的共同財富，如果在這個問題上處置得當，必然有助於促進東亞各國人民之間的文化交流。我們相信朝鮮民族會繼續發揮其智慧，更完善地處置朝鮮文字與漢字的複雜關係。

漢字詞彙的過去與現在

與漢字及朝鮮文字的命運密切相關，也與朝鮮民族挑戰其地緣文化命運密切相關的，還有朝鮮語中大量的漢字詞彙。

朝鮮語屬於阿爾泰語系，漢語屬於漢藏語系，本來它們幾

乎毫不相關。但是由於地緣文化環境使用，使兩個民族之間交流密切，因而使其語音亦發生了關係。而由於長期以來中國文化一直處於先進地位，因此相比之下，朝鮮語更多地受到漢語的影響。大量的漢字詞彙進入朝鮮語，便是其一個非常重要的方面。

漢字詞彙的大量進入朝鮮語，與朝鮮半島使用漢字、漢文的歷史有關。由於近兩千年間一直使用漢字、漢文作書寫系統，因此不免影響及於老百姓的日常口語。於是在日常使用的朝鮮語中，也出現大量的漢字詞彙，它們大抵直接來自漢文和漢語。朝鮮語吸收漢字詞彙的歷史，可能和朝鮮半島使用漢字、漢文的歷史一樣悠久。

直到十九世紀末以前，朝鮮語主要從中國大陸吸收漢字詞彙（日本其實也是這樣）；從十九世紀末以後則亦從日本大量吸收漢字詞彙；當然，與此同時，朝鮮語亦利用漢字製造自己所需之漢字詞彙。

這樣的過程經過近兩千年發展下來，遂使漢字詞彙在朝鮮語中所占的比重達到一個相當驚人的程度。由於統計方法的不同，因此各家的說法都有出入；一般估計，是在百分之五十至八十之間。

這絕不是朝鮮語所獨有的情況，英語詞彙中大約一半左右，據說來源於拉丁系語言（如法語）。因為諾曼人在三世紀曾征服過英國，並因而帶入拉丁系的語言。而同處於東亞漢文化圈中的日本和越南，其語言中也含有相當多的漢字詞彙。這是地緣文化環境使然，也是頻繁的文化交流（輻射或影響）之產物。

從上個世紀末以來，朝鮮文字逐漸取代漢字；尤其是從朝

鮮半島光復以來，漢字已經很少使用。原來用漢字書寫的漢字詞彙，現在大抵改用朝鮮文字書寫。不過，即使是用朝鮮文字書寫，它們仍然還是漢字詞彙。改變的只是其書寫形式，其音和義則一仍其舊。

有一點是我們必須了解的，那就是朝鮮語或日語裡的漢字詞彙並不完全等同於中國的漢語詞彙。這不僅是因為朝鮮語或日語裡的許多漢字詞彙是朝鮮人或日本人利用漢字的組詞能力，自己創制和使用的，也因為漢語詞彙在進入朝鮮語或日語以後，本身也多多少少產生了意義變異之故。

這也是一個佳例，說明漢文化並不僅是漢族或中國人的獨家創造，而是整個漢文化圈各民族和各國人民共同智慧的結晶；因而研究漢文化，具體的研究漢字和漢字詞彙，也應把眼光擴展到整個漢文化圈。

朝鮮語大量吸收或創制的漢字詞彙，主要是各種類型的名詞，占整個漢字詞彙的 77％ 左右；其次是動詞，約占 14％；形容詞和副詞較少，分別占 4％ 和 2％。這是因為在原來的朝鮮語裡，表現感覺及情緒的詞彙較為豐富，但是表現事物或概念的詞彙則比較缺乏，所以不得不從漢語裡大量借用。

朝鮮語和漢語雖分屬不同語系，其實也有很多相似的地方。比如朝鮮語和漢語的名詞都沒有性、數、格的形態之分，動詞也不因此而產生變化，並不像有些西洋語言那樣，因此朝鮮語可以直接從漢語吸收名詞。朝鮮語和漢語分屬不同語系，動詞和形容詞的不同是一個基本的方面。朝鮮語的動詞和形容詞都有複雜的詞尾變化，但是漢語卻不是這樣。不過，如在漢字動詞和形容詞後添加適當的接尾詞，即可按著朝鮮語的語法，把它們加以變化活用。日語中的「サ」變動詞和部分形容

動詞，也是這麼吸收漢字動詞和形容詞的。這是一個極為聰明有用的方法，可以用來大量吸收漢字動詞和形容詞。

在朝鮮語裡有那麼多的漢字詞彙，無疑是因為在長達約兩千年的歲月裡，朝鮮民族一直孜孜不倦地吸收漢文化之故（十九世紀末以前，主要是從中國吸收，十九世紀末以後，主要是從日本吸收）。他們通過大量吸收漢字詞彙，彌補自己語言的不足，並提升自己語言的表現力。這裡正表現了朝鮮民族的智慧：他們善於利用自己所處的地緣文化環境，積極學習和吸收外國語言中於己有用的東西。

時至今日，漢字詞彙在朝鮮語裡已經生根開花，成了朝鮮語的一個重要組成部分，再也不能從朝鮮語裡分離出去了。我們看，即使是在反彈漢文化最厲害的時期，也只出現了停止使用漢字的做法，而沒有出現停止使用漢字詞彙的做法。這是因為如果抽掉了朝鮮語中的漢字詞彙，朝鮮語就成了一種殘缺不全的東西，不足以表達人們的意思；正如如果從英語中抽掉了那一半拉丁語源詞彙，英語也就不復可能存在一樣。

不過，與漢字在現代的「蒙難」相伴隨，時而也可以聽到要用固有詞彙取代漢字詞彙的意見，而且事實上也確實有不少這方面的措施。比如在地鐵車站的出入口和公共汽車的上下門，都已用朝鮮語的固有詞取代原先的漢字詞。最趨極端的意見則主張，要像停止使用漢字一樣，禁止使用所有的漢字詞，而代之以原有或新造的固有詞。他們認為只有這樣做，才算是維護了朝鮮語的純潔，維護了民族的特性。

的確，在朝鮮語中的漢字詞和固有詞的關係方面，還留有自古以來尊崇漢文化傳統的痕跡，與今天流行的民族主義思潮格格不入。比如，即使是指稱同一事物，漢字詞卻常常比固有

詞更為正式，固有詞常常比漢字詞更顯粗俗。這種區別本身已經成了朝鮮語的一個特徵，要加以人為的改變，恐怕已經不太可能。而且事實上證明，要用朝鮮語固有詞彙或新造詞彙來取代漢字詞彙，其努力常常不容易取得成效。

一般的平民百姓或是學者，從實用方便的角度出發，還是喜歡用習慣了的漢字詞彙。據有些學者研究，最近一個世紀以來，盡管民族主義觀點盛行，但是朝鮮語中的漢字詞彙反而有不斷增多的趨勢，而固有詞彙則反有縮小的趨勢。因此有的學者認為，漢語對朝鮮語的影響是最近七、八十年來達到了頂尖。❺

看起來，朝鮮語大概可以不用或少用漢字，但是卻無法不用或少用漢字詞彙。不過，透過如上所述的種種議論和看法，我們卻可以體認到其中所蘊涵的某種精神，那就是當地緣文化環境發生了變化以後，怎樣及時調整自己的語言政策，讓尊崇漢文化的意識讓位於發揮自主性的意識，以便於民族語言進一步健康地發展。這種精神也體現在關於朝鮮文字和漢字的現代認識之中，構成了現代朝鮮語言觀的一個核心。我們認為，這同樣是朝鮮民族的智慧表現，而具體觀點的分歧，倒是一個次要問題。

---

❺　崔奉春：《朝漢語語彙對比》，延邊大學出版社，一九八九年，延吉，第二十頁。

對外國語和外來語的雙重態度

在朝鮮語歷史上所體現出來的這種兩面性，即一面努力學習和吸收外國語言中於己有用的東西（在以前主要是從漢語中學習和吸收），一面又經常注意保持本民族語言的自主性，在現代韓國的語言生活中也體現了出來。

從 1895 年至 1945 年，將近半個世紀左右，朝鮮半島處於日本的影響之下。在此期間，日語的影響大量進入朝鮮語。由於日語與朝鮮語語法體系相似，因此影響起來似乎更容易些。日語影響朝鮮語的，主要是大量與現代科學文化有關的日式漢字詞。這構成了朝鮮語中漢字詞的一個重要部分，彌補了現代朝鮮語這方面詞彙的不足。

不過，1945 年朝鮮半島光復以後，韓國政府推行肅清日本影響的政策，語言方面也通過各種行政措施或輿論宣傳，致力於肅清日語對朝鮮語的「污染」。其中的一個工作就是讓日語詞彙死語化，用朝鮮的固有詞彙取而代之。幾十年來，這方面取得了明顯效果。

然而，大量的日式漢字詞彙由於和現代科學文化有關，無法在原有的詞彙中找到替代物，仍然留在朝鮮語裡，成為朝鮮語詞彙的一個組成部分。由於漢字詞彙的共同特徵，人們已經忘了它們是日式的，而將之與中國來的或自造的漢字詞彙一同使用。日式的漢字詞彙其實也已大量進入現代漢語，這與朝鮮語的情況共同。這是由於自上個世紀下半葉以來，在現代科學文化方面，日本一直走在東亞漢文化圈的前列之故。

因此，在對待日語上，我們同樣可以看到朝鮮民族對外國語言的兩面性：一方面是致力吸收有用的成分，一方面又努力

於保持民族特性。

　　1945 年朝鮮半島光復以後，日本的影響退出了朝鮮半島，而美國的影響則開始進入南方的韓國。於是在朝鮮半島上流行的外國語，繼十九世紀末以前的漢語、十九世紀末至光復的日語以後，又迎來了主要是美國式英語的時代。由於美國戰後對韓國持續的影響，因此美國式的英語時代尚處於方興未艾的階段。

　　英語現在似已成了一種「世界語」，不過在韓國，我們能更加強烈地感受到這一點。這不僅是因為文化政策或外語教育偏重於英語，也因為民間一般的心理大都向英語傾斜。韓國人小心翼翼地在人名、地名上避免使用漢字（只除了針對中國、日本觀光客的地圖或招牌以外），但是他們卻非常樂意在任何場合都附上英語。職業婦女樂意聽到人們稱呼她們「miss」或「missis」，而不是韓文發音的本國語。會說英語是中產階層身分的標誌，會說美國式的英語尤其顯得風度翩翩。儘管學校的英語教育從初中才開始，但是英語、鋼琴以及若干時髦的運動項目（如網球），是中產階層家庭教育的必修課目。從1995 年度起，英語教育亦將進入小學課程。許多商品的商標都選用了英語名稱，很多商店的店名也有同樣的現象。有時候是用英語名為主，後面附以朝鮮文譯音；有時乾脆只用英語名。那大都表現店主人的新潮，也許會有利於招徠年輕顧客。在我所在的大學周圍，有很多以學生為對象的商店，其中可以看到這樣一些店名「if」、「ing」、「and」、「James Dean」等；至於用英文譯名的則更不勝枚舉。英語外來語也極為流行，可以說到了不懂英語便不能完全懂朝鮮語的程度。

　　作為純拼音文字的朝鮮文字，由於具備更為複雜的音節系

統，因而比漢字和日本片假名都更適用於拼寫外來語（除了缺乏「f」的發音以外）。也許這也是一個有利因素，對吸收英語外來語起了推波助瀾的作用。

有一次和一位韓國教授一起看一張通知，開玩笑地分析了一下其中的詞彙，發現除了助詞和動詞以外，大部分詞彙不是老外來語（漢字詞彙），就是新外來語（來自英語的詞彙）。那個韓國教授開玩笑地說：「除了助詞和助動詞以外，韓國語都是從外國借來的。」事情不像他所說的那麼厲害，但外來語的流行，卻是一個不爭的事實。

英語和英語外來語的流行，當然表示著一個明白不過的事實，那就是對以英語為代表的西洋文化，更確切地說是美國文化，現代的韓國人具有壓倒一切的興趣。在這種對於西洋文化的濃厚興趣之中，自然是同時並存著認真學習西洋的長處，和僅僅是趕時髦等多種因素在內的。但是也正因為韓國人樂於並善於學習西洋文化，所以他們才能取得近幾十年來經濟發展的成就，成為世界舞台上一顆引人注目的新星。因此，即使存在著諸如盲目崇拜或趕時髦等等消極因素，但這似乎也是學習和吸收過程中一種必要的代價。

不少韓國知識分子痛心疾首於祖先的尊崇中國文化，同時卻又以自己會說英語或有西洋學位為榮。其實，在我們局外人看來，今天的韓國人傾倒於西洋文化，與歷史上他們的祖先尊崇中國文化，在精神實質上乃是一脈相通的；其根本目的都只有一個，那就是通過學習當時世界上的先進文化，提升本民族的文化水準。

有一個韓國學生對我說：「韓國人還是『事大』，只不過從對中國『事大』，轉向對美國和日本『事大』而已。」也許

話不能說得那麼消極和絕對，但無疑他也看到了在樂於和善於學習外國文化方面，朝鮮半島從古到今所表現出來的一種統一性。從這一意義上來說，他那不無偏激的發言，在洞達朝鮮歷史的本質方面，更深刻於那些厚誣祖先的知識分子。朝鮮半島上流行的外國語，從漢語經日語，到英語，正好與中國、日本和美國影響的消長保持同步；但改變的只是學習的對象，學習的精神則是一致的。無論這被說成是「事大」抑是「好學」，總是對發展本國文化有助益的。

　　但是，在英國和英語外來語流行的同時，我們也經常可以聽到對這種情況的批評意見。許多民族主義意識強烈的學者或平民都經常從民族自主性的角度批評上述現象。如果說在東亞漢文化圈各國中，這兒的英語和英語外來語的流行程度是較甚的，那麼同樣也可以說，這兒對於這種現象的民族性反應也是較強烈的。這正是如上面我們所說的朝鮮語歷史上所體現出來的兩面性的另一面，即經常注意保持本民族語言的自主性，在現代韓國的語言生活中一個最近的表現。

　　有不少這方面的有趣例子。比如有的讀者寫信給報紙，對於國語中夾雜大量的外來語提出了批評，認為國語應該是一種完全排除異文化要素的純粹語。有人對學生喜歡穿印有橫式洋文的 T 恤表示不滿，認為這是盲目崇拜西洋文化的心理表現，主張代之以直書的朝鮮文字的 T 恤。對於不少公司把商品取得像是洋文的現象，一些國語純粹的記者提出了嚴厲的批評，指責這是「無條件喜歡外國製品的事大心理」的表現。有些人一面批評濫用外來語的現象，一面無限地讚美本國語。他們認為本國語比任何其他語言都更優秀，因而主張更完全排斥異國性的要素，通過保持純粹的語言，來保持韓國人的民族

性。❻

　　存在於這樣一些議論背後的是對語言的強烈民族主義意識。「韓國人常有從外來語中看出異文化和異民族的傾向。因為把外來語當作是『異民族的創造物』的意識很強，所以認為應該盡可能限制使用外來語。為何如此呢？這是因為使用外來語本身便意味著受到異文化思想和異民族思考樣式的污染。換言之，承認外來語便意味著喪失了民族的主體性，同時也意味著對異文化和異民族的精神性服從。韓國人的這種意識，連一般庶民也很徹底。」❼

　　而這種對語言的強烈民族主義意識，據說又來自於朝鮮半島所處的地緣政治環境。「因為歷史上處於強國之間，飽受外敵侵略，所以要強調本國的自主性，注目於本國文化優秀性和獨特性。正因為具有對於本國文化優秀性的信念，所以才能從古至今，最終超越支配過自己的異民族。韓國人的本國語觀正是在這樣的歷史中形成的。這也正像飽受挫折和苦難的人比一直順利的人更容易固守自我一樣。」❽

　　我們覺得，在現代的韓國語言生活中，人們經常注意保持本民族語言的自主性，其原因在這裡已經被表述得很明白了。我們把這也看作是他們在語言方面的智慧表現之一。

　　但是，韓國人在語言方面的智慧並不只表現在這個方面，

---

❻　參見渡邊吉鎔、鈴木孝夫：《朝鮮語勤學篇──來自日本語的觀點》，講談社，一九八一年，東京。

❼　參見渡邊吉鎔、鈴木孝夫：《朝鮮語勤學篇──來自日本語的觀點》，講談社，一九八一年，東京。

❽　參見渡邊吉鎔、鈴木孝夫：《朝鮮語勤學篇──來自日本語的觀點》，講談社，一九八一年，東京。

而且也表現在樂於和善於學習及吸收外國語言方面；更確切地說，是表現在將這看似矛盾的二者結合在一起方面。因此，那種認為日本人對外來語很寬容，而韓國人對外來語則很嚴厲的比較，應該說是有其片面性的。❾

　　就我們的實際觀察而言，韓國人對外來語的態度並不比日本人更為保守，毋寧說事實正好相反；儘管如上所述的那些關於外來語的民族主義性議論，在日本則不像在韓國那樣容易聽到和那樣嚴厲。因此毋寧說，區別不在於外來語是否流行，而在於對外來語事實上的流行持什麼態度。一邊樂於和善吸收外來語，一邊又注意保持本民族語言的自主性，我們認為這才是韓國人對外來語的真實態度，也是其挑戰地緣文化環境的智慧之所在。

❾　參見渡邊吉鎔、鈴木孝夫：《朝鮮語勤學篇 —— 來自日本語的觀點》，講談社，一九八一年，東京。

Chapter 8
文學：從漢文學到國語文學

　　由於地緣文化環境使然，所以直到上個世紀末葉為止，朝鮮文學一直處於中國文學的影響之下。

　　由於直到十五世紀中葉以前，朝鮮民族一直沒有自己的文字，由於即使創制了自己的文字，但是以漢字為書寫系統的生活，一直延續到十九世紀末葉，因此朝鮮古代文學史上的大部分作品都是用漢文寫成的，並採取了與中國相同的樣式，比如漢詩和漢文等。

　　一代又一代的朝鮮文人傾注自己的學生心血和才智，努力學習艱深的漢字、漢文，創作出不亞於中國本土的漢文學作品，受到包括中國在內的漢文化圈各族各國的尊敬，被認為是僅次於中國的漢文學重鎮。朝鮮的歷代文人也為此感到由衷自豪。他們留下汗牛充棟的漢文文集，至今還在圖書館裡堂堂排列著。這個長達近兩千年的朝鮮漢文學史傳統，構成整個漢文化圈漢文學史的光輝一環，也構成了整個朝鮮文學史過去被看作是主流、現在被看作是支流的重要組成部分。

　　由於漢字、漢文畢竟是外來的東西，與朝鮮本民族的語言相去甚遠，在表達朝鮮民族的思想、感情方面，有著難以彌補

的根本缺陷，因此在兩千年的漫長歲月裡，朝鮮人也一直在發展著本民族語言的文學。中國的各種古書都記載著，朝鮮民族自古以來即能歌善舞，因此其韻文文學一定發達甚早。由於沒有自己的文字把它們記錄下來，因此在早期它們只能口耳相傳和自生自滅。後來漢字傳入朝鮮半島以後，人們才利用漢字來記錄本民族的歌謠。

到了朝鮮文字創制以後，人們開始直接用它來創作國語文學作品。而且上個世紀末葉起，由於中國文化影響的衰落，西洋文明光臨東亞，以及民族主義意識的覺醒，主要以朝鮮文字寫作的潮流新文學遂開始誕生，最終完全取代了盛行近兩千年的漢文學，成了朝鮮民族文學的真正主流。

的確，兩千年來的朝鮮文學發展史，其中也可以發現與其他領域相同的那種智慧。那就是朝鮮民族面對自己所處的地緣文化環境，一邊努力利用之以學習和吸收先進的中國文學，使自己的漢文學達到當時的最高水準，一邊又抵抗之以創造和發展自己的民族文學，並在時機成熟時將之發展為文學的主流。

漢文學的成就

朝鮮半島的漢文學歷史當始於漢字傳入朝鮮半島後不久。從三國時期，到新羅統一朝鮮半島，再到高麗王朝、到朝鮮王朝，呈現出越來越興旺的景象，作品和作者數量也越來越多，一直發展到十九世紀末而戛然終止。

在當時的漢文化圈各族各國中，朝鮮半島的漢文學水準是除了中國本土以外最高的，最初的標誌之一是統一後新羅的崔

致遠在唐朝登第成名，為其時漢文學圈周邊各國中所僅見。

　　崔致遠也因此在國內享有盛名，被稱為「東方漢文學鼻祖」（「東方」是朝鮮半島過去的自稱；又或稱「大東」、「海東」，都是相對於中國本土而言的）、「東方之宗」，因此而祀文昌侯，從祀文廟。

　　此後，漢文學領域名家輩出，一直受到中國方面的重視，朝鮮文人為此也感到相當自豪。因為，既然當時朝鮮半島處於漢文化圈中，則自會以漢文化圈的價值標準衡量自己的文化。所以，在朝鮮的漢文學史上，我們經常可以聽到如下這樣自豪的聲音——

　　　　三韓自夏時始通中國，而文獻篾篾無聞。隋唐以來，方有作者。如乙支之貽詩隋將，羅王之獻頌唐帝，雖載簡冊，未免寂寥。至崔致遠入唐登第，以文章名動海內……我東之以詩鳴於中國，自三子（崔致遠、朴仁範、朴寅亮）始。文章之華國有如是夫！

　　　　　　　　　　　　　　——李奎報《白公小說》

　　　　我東以文獻聞於中國，中國謂之小華國。蓋有崔文昌致遠唱之於前，朴參政寅亮和之於後。文昌入唐賦詩，膾炙人口。崔詩格律嚴正，朴詩語韻清絕，可與中原諸子橐鞬周旋。

　　　　　　　　　　　　　　——洪萬宗《小華詩評》

　　　　吾東方，世稱文獻之國，文章人士，代不乏人。高句麗之乙支文德、新羅之崔致遠，至於前朝金侍中富軾、李相國奎報，是其尤者也。

　　　　　　　　　　　　　　——任元濬《四佳集序》

吾邦雖陋，民性仁厚，柔謹為風。自箕子歌《麥
秀》之後，俗知文字。洎羅而麗，遣子入學，設科取士，
由是詩學大振。以至盛朝之彬彬，作者成一家，眾體蔚
然，中華俱變。

——柳希林《大東詩林引》

　　類似這樣自豪的議論，在朝鮮的漢文學史上可說舉不勝
舉，在此只是從高麗王朝和朝鮮王朝各選一、二例，以見一斑而
已。這些議論背後的價值標準都是當時以中國為中心的漢文化
圈的價值標準，因而在價值觀念已經改變了的現代朝鮮人看
來，也許會顯得過於缺乏民族自主意識；尤其是以「中國謂之小
華國」而自喜，更會引起現代朝鮮人的反感。不過在當時，能夠
以漢文學受到中國的肯定，從而表明其文明程度之先進，並受
到漢文化圈內其他各族各國的尊重，這都的確是一件足以「華
國」的光彩之事，其意義不是後人所能完全理解的。

　　這本詩評之取名「小華」，還有朴寅亮取號小華，所著文集
亦取名《小華集》，（金烋《海東文獻總錄》的《小華集提要》
云：「熙寧中，與金覲朝宋。宋人見所著尺牘、表狀及題詠，歎
賞不已，即刻版，號《小華集》。」）恐怕與上述心理都不無關
係。

　　由於朝鮮半島漢文學水準的高超，因此經常受到中國方面
的肯定，認為其漢文化之程度遠在他國之上，可以和中國本土
並駕齊驅——

　　惟三韓立國，有箕子之遺教，而《洪範》、《九
疇》之說，載諸遺經者，莫不世傳之。是以學問文辭之源

委端諸，與中國殆無以異，殊非他方所可儷也。

（明高巽《三峰集敘》，轉引自金烋《海東文獻總錄》）

余聞外國有文獻者，以朝鮮為稱首。其人業儒道經，尊崇孔聖之道，匪直守箕子遺教而已……我皇明文教，誕敷東漸。先進朝鮮人士，歲觀京國，耳聞目睹，所得尤深。宜其文物典章，不異中華，而遠超他邦也。

（明高巽《祈順集》，轉引自金烋《海東文獻總錄》）

類似這樣稱讚的議論，在中國文學史上也可以說舉不勝舉。在現代的朝鮮人看來，也許這也不過是「中華思想」的表現；但在當時的朝鮮人看來，卻無異於是最高的國際禮讚。這提高了他們在東亞漢文化圈中的國際地位，也增強他們對自己文化的自信心和自豪感。

朴仁志在 1592 年壬辰戰爭後寫的下面這首《船上歎》詩，也許正表現了當時朝鮮人民以自己的漢文化水準而自豪，以此蔑視侵略朝鮮半島的倭寇之心理：「吾東方文物，可比漢唐宋。國運多不幸，海國任呈凶。蒙萬世之羞，未能雪國恥。」其中雖然亦有「小中華」的思想，但無疑正因為有了這種思想，才能保持心理上的優越感，對倭寇持蔑視的態度。這也許是一個小小然而典型的例子，可以說明當時漢文化程度之高超，是怎樣帶給朝鮮人民以文化自豪感，並以此蔑視其他漢文化程度不及自己的民族或國家。

當然，由於語言體系的懸殊，因此學習和創作漢文學，對朝鮮文人來說，自然倍感困難；但為了真正掌握漢文學，他們還是費盡心血和才智，取得不亞於中國的成就。

言出乎口而成文。華人之學，因其固有而進之，不
至多費精神，而其高世之才可坐數也。若吾東人，言語既
有華夷之別，天資苟非明銳，而致力千百，其於學也，胡
得有成乎？尚賴一心之妙，通於天地四方，無毫米之差，
至其得意，尚何自屈而多讓乎彼哉！

（崔滋《東人之文序》）

這正是因為他們意識到，在當時的地緣文化環境中，漢文
學是多麼重要，不僅關乎本民族的文化水準，也關乎本國在國
際上的地位，所以他們才拚命努力，欲完全掌握漢文學。這正
如今天的知識分子都努力學習英文或其他外文，以追蹤世界文
化的先進潮流一樣。

我們認為，這就是一種智慧，即利用自己所處的地緣文化
環境，樂於和善於學習和吸收漢文學，以提升本民族的文學水
準，提高本國在漢文化圈中的地位，並以此培養起文化上的自
信心和自豪感，進而推動整個民族文學的向前發展。在當時東
亞漢文化圈各國中，朝鮮半島可以說是最善於做到這一點的。

漢文學者的自主意識

不過，即使在漢文學領域裡，朝鮮的一些古代文人也在努
力學習和模仿的同時，並未忘記自己的民族主體性。他們一再
提醒人們，即使是朝鮮的漢文學，也應有自己的特點，而不應
是中國文學完全的複製品。這是因為孕育朝鮮漢文學的精神風
土畢竟不同於中國大陸之故。而且，這種自己的特點應該受到

承認和肯定，而不應該妄自菲薄。尤其是在朝鮮王朝時期，此類議論出現得最多。

朝鮮王朝初期的十五世紀，徐居正編造了一部《東方選》，所收皆為朝鮮文人的漢文作品。他在《東文選序》中，自述編纂此書的動機道——

> 皇明混一，光岳氣全。我國家利聖相承，涵養百年。人物之生於其間，磅礴精粹；作為文章，動盪飛越者；亦無讓於古。是則我東方之文，非宋元之文，亦非漢唐之文，而乃我國之文也，宜與列代之文並行於天地間，胡可泯焉而無傳也哉！

他強調本國漢文學與中國漢文學之區別，而且認為本國漢文學亦有不讓於中國漢文學的價值，其間流露出明顯的民族自主性意識。正因為他具有這種民族自主性意識，所以才促使他編纂了這部《東方選》。

十六、七世紀之交的許筠，在《與李遜谷書》一文裡，也表達了與徐居正相似的看法：「吾則懼其似唐似宋，而欲人曰《許子之詩》也。」通過與唐、宋詩的保持距離，來強調自己詩歌的獨立性和獨特性。

生活於十七世紀上半葉的金烋曾編有一部《海東文獻總錄》，為朝鮮文獻學史上的名著。在其著作前所附的序中，他自述自己的編纂動機，乃是由於先生的督勵，其中亦含有民族自主意識——

> 歲丙辰冬，余拜旅軒先生於遠堂。先生出數卷書以

示之，曰：「此乃《文獻通考，經籍考》也。觀此一書，可知古今文獻盛衰。吾故就《通考》中抄出經籍所附，卷以藏之矣。但既為東方之人，則東方文獻不可不知。吾君頗有博記之才；君所居近邑，得免兵火，書籍多有保完之處。倘能聞見裒集，繼此以述，則文獻足證，博考是資，其功當不讓於古人矣！」先生有教，然何敢辭，遂唯唯而退。

「既為東方之人，則東方文獻不可不知」云云，正是針對只知有中國文獻的現象而發，其中有視「東方文獻」亦為有價值之物的傾向，與上述徐居正和許筠等人的看法精神相通。

主要生活於十八世紀後半葉的李德懋，在其《論詩絕句》中這樣寫道：「夢各無干共一床，人非甫自代非唐。吾詩自信如吾面，依樣衣冠笑郭郎。」比李德懋稍後，主要生活於十八世紀後半葉至十九世紀上半葉的丁若鏞亦寫道：「志人一快事，縱筆寫狂詞。竟病不必狗，推敲不必遲。興到即運意，意到即寫之。我是朝鮮人，甘作朝鮮詩！」

他們都意識到自己的漢詩與中國詩歌的區別，具有一種自己及朝鮮民族的獨特性。但是他們卻不為此感到害羞，反而為此感到由衷自豪。這是因為在他們的意識深處，也蘊含著一種民族自主性的意識。

如果說以上諸人還只是承認和肯定朝鮮漢文學的獨特性，那麼生活於十八世紀後半葉的朴趾源如下這番話，便是對盲目模仿中國文學之現象的明確批評了：「山川風氣，地異中華；言語謠俗，世非漢唐。若乃效法於中華，襲繼縱漢唐，則吾徒見其法益高而意實卑，體益似而言益偽耳！」這番話說得很尖

銳，讓人聯想起高麗太祖王建的臨終訓要第四條：「惟我東方，舊慕唐風。文物禮樂，益遵其制。殊方異士，人性各異，不必苟同。」（《高麗史》卷二世家卷第二太祖）兩人的話相距八、九百年，其精神卻一脈相通，都是要一面學習漢文化，一面又要保持獨立性的意思。他們都意識到朝鮮與中國的不同，肯定朝鮮本身的獨特性，並主張讓文學表現這種獨特性（在朴趾源的場合）。從而讓我們看到，朝鮮人那種強烈的民族意識，的確是始於潛伏於他們的歷史底流的。

　　生活於十六世紀後半葉的林悌，堅決反對把朝鮮稱為「小中華」，可說是上述這類觀點一個最極端的表現，是朝鮮文人「在漢文學重壓下強調朝鮮（漢）文學的民族性和自主性」[1]精神的一個明確誓言。同時，它又和那些以「中國謂之小華國」而自喜的現象一起，構成朝鮮漢文學一邊追求學習和模仿中國文學，一邊又注意保持民族自主性的智慧之兩翼。

漢文學中的民族意識

　　朝鮮的一些古代人不但發表了上述那種議論，還直接在他們的文學作品裡表現他們的民族自主性，追求朝鮮本身的精神風貌。當然，只要他們使用的是漢字、漢文，創作的是漢文學作品，則他們的作品在總體上自會受到漢文學一般規則的限制，與其他民族和國家的漢文學作品大同小異。但正是在那些

---

[1]　李炳漢：《韓國古典詩論的民族文學論性格》，載淑明女子大學中國研究所《中國學研究》第七輯，一九九一年十二月，漢城。

「小異」的地方，蘊涵著朝鮮人的民族自主性，所以反而是更應該加以注意的。這類作品儘管在朝鮮漢文學史上為數不多，但它們卻顯示了朝鮮漢文學的獨特風貌，也是朝鮮文人挑戰「漢文學重壓」的表現。

　　生活於十二、三世紀之交，高麗王朝的大詩人李奎報在1193年代二十六歲時，創作了朝鮮漢文學史上第一首長篇敘事詩《東明王篇》。他根據朝鮮史料《舊三國史》的記載，以歷史上的神話傳說為提材，用一千三百九十字的篇幅，表現了高句麗始祖朱蒙的建國過程。他之所以選擇這一題材，從其詩序的自述來看，還是出於他的民族自主意識：「矧東明之事，非以變化神異眩惑眾目，事實創國之神蹟，則此而不述，後將何觀？是用作詩以記之，欲使夫天下知我國本聖人之都耳。」（《東國李相國集》）

　　高麗王朝是繼統一的新羅之後，又一個統一朝鮮半島的王朝；而且比起新羅的版圖只到大同江以南來，它的版圖更擴展到原高句麗在鴨綠江和圖們江以南的部分土地。因此，對高麗王朝來說，正如其命名也來自高句麗一樣，高句麗具有特殊的意義。同時，在李奎報生活的年代，高麗王朝正稱臣納貢於金，而金則占據了包括原高句麗版圖在內的東北地區。李奎報的這篇《東明王篇》，便是在這種歷史背景下產生的。透過其對朱蒙神話的重視和表演，李奎報表達了內心的民族自主意識。這種題材的選擇和意識的流露，表現出朝鮮漢詩的獨特性，是其不同於中國漢詩的地方。在另一篇《次韻吳東閣世文呈詣院諸學士三百零二韻詩並序》裡，李奎報也通過描寫朝鮮半島的歷史和文化，表露了他的民族意識和愛國心，具有和《東明王篇》相似的意義。

生活於十四世紀的另一大詩人李齊賢，因為經歷了蒙古入侵與高麗稱臣的全過程，因此他特別以強調本國的歷史和文明的方式，含蓄地表達其民族自主意識。比如他的《題長安逆旅》之一云：「海上箕封禮義邦，曾修職貢荷龍光。河山萬世同盟國，雨露之朝異姓王。貝錦誰將委豹虎？干戈無奈到參商。扶持自有宗祧力，會見松都業更昌。」

　　悠久的歷史與文明所帶來的自豪感，成為忍受異族壓迫與盼望民族復興的原動力。

　　在另一首《白溝》詩中，則借用戰國時燕國拒絕秦國領土要求的典故，暗示高麗王朝對蒙古應該採取更為堅定的立場：「誰將督亢餌強鄰？空費金繒歲結親。尺水區區遏南牧，可能臥榻不容人！」

　　這樣的詩歌初看無甚特別，但如果參考其歷史背景，則可品味出獨特的朝鮮漢詩風味。

　　朝鮮王朝初期的文人徐居正，如我們上面介紹過的，是一個民族自主意識強烈的文人。他曾將高麗王朝學者金富軾的《三國史記》改編為《三國史節要》。對於三國時期的歷史，他自有不同於前人的看法，表現出與前人的距離。在其《續三國史詩》中，他這樣寫道：「三韓攻戰日相侵，百萬蒼生已陸沈。羅濟豈知唇齒勢，隋唐自有鷸蚌心。江山默默不知語，編簡歷歷尤可尋。半是英雄半凶逆，空令後人涕沾襟。」（**轉引自金烋《海東文獻總錄》徐居正《三國史節要》提要**）。

　　顯而易見，他對三國歷史的看法，和三國當時的人，也和高麗王朝的三國史家金富軾，都相當不同。前人都注目於三國內部的紛爭，但他卻意識到三國的民族同一性，以及三國與隋唐之間的民族界限。這當然是朝鮮半島統一已久之後，人們的

民族觀念相應地有了改變的結果。徐居正的觀點已經大致接近現代朝鮮史家的觀點。在這種三國史觀背後所表現的，也是一種民族自主意識。

在朝鮮王朝時代，出現了許多筆記作品，如徐居正的《筆苑雜記》成俔的《慵齋叢話》、魚叔權的《稗官雜記」等，其中很大部分敘述朝鮮古代的歷史和文化、中國民情和朝鮮民情的對比、中國文人對朝鮮文學的評價等等，常常流露出濃烈的民族自主意識，也表現出朝鮮筆記文學的獨特風貌。

毋寧諱言，表現了朝鮮民族自主意識的作品，在整個汗牛充棟的漢文學文獻當中，只占極為弱小的一部分；而且由於使用了漢文學的形式，其表現的力度也自會受到限制。不過這部分的漢文學作品存在本身還是頗像大海表面的浪花，足以暗示下面湧動著的潛流。同時，像諸如此類的作品，在現代特別受到文學史的稱譽，其背後所隱含的心理也頗有意思。

在日本的漢文學史上，我們也能發現相似的現象，可以給朝鮮漢文學史提供參證。江戶著名文人賴山陽的漢文學作品，在現代日本的漢文學研究界受到高度肯定，因為其中據說蘊含有強烈的民族意識——

　　　　對於山陽的詩，有一點特別值得注意：他深知從事模仿漢文口吻之愚，所以加上日本獨特的風味，使之成為日本人的（漢）詩。在文章方面，也有意於使漢文日本化，故意使用一種帶有日語色彩的字句，其偉大之點，便

在避免模仿漢人，而努力於使其成為日本的漢文。**❷**

顯而易見，「在漢文學重壓下」的日本文人，也一直在追求民族自主性意識的表達，與朝鮮漢文學史上的情況相似。這也可說是漢文學圈中各族各國的共同命運，以及他們對此的相似之挑戰。在面臨這種命運時，朝鮮文人不斷地挑戰，亦呈露著他們的根本智慧。

國語文學的發展史

比起漢文學的若干作品和評論來，朝鮮國語文學的發展歷史，以及它與漢文學勢力的消長起伏，似乎更能說明朝鮮人挑戰地緣文化命運的智慧。

自古以來，朝鮮民族就是一個能歌善舞的民族。《後漢書・東夷列傳》記載，夫餘人「以臘月祭天，大會連日，飲食歌舞，名召迎鼓。」濊人「常用十月節祭天，晝夜飲酒歌舞，名之為舞天。」辰韓人「俗喜歌舞、飲酒、鼓瑟。」馬韓人「常以五月四競祭鬼神，晝夜酒會，群聚歌舞，舞輒數十人，相隨踏地為節。十月農功畢，亦復如之。」

《魏書・高句麗傳》記載，夫餘人「好歌舞，夜則男女群聚而戲，無貴賤之節。然潔淨自喜……常以十月祭天，國中大會。其公會，衣服皆錦繡，金銀以為飾。」具有這種性格的民

---

❷ 緒方惟精：《日本漢文學史》（丁策譯），正中書局，一九六八年，台北，第二〇八～二〇九頁。

族，其韻文文學一定發達甚早。這可以說是朝鮮國語文學的源頭。可惜由於沒有文字把它們記錄下來，因此它們大都在口耳相傳的過程中自生自滅了。

在三國和統一的新羅時期，一方面漢文學大行其道，一方面國語文學也開始萌芽。新羅儒理尼師公五年（28 年），「是年，民俗歡康，始制《兜率歌》。此歌樂之始對也。」（《三國史記》卷第一《新羅本記》第一）九年（32 年），「於是歌舞百戲皆作，謂之嘉俳。是時，負家一女子起舞，嘆曰『會蘇會蘇』，其音哀雅。後人因其聲而作歌，名《會蘇曲》。」（同上）可見新羅的國語歌謠發達甚早；而且其風氣也很盛，「羅人尚鄉歌者尚矣。」（《三國遺事》卷第五感通第七）「花朝月夕攜手遊，別曲歌詞隨意制。」（《帝王韻記》「新羅」條）

在三國及統一後之新羅的近千年間，新羅一定曾經湧現出無數的國語歌謠。因而真聖王二年（888 年），曾命角斤魏弘和大矩和尚，「修集鄉歌，謂之《三代目》云。」（《三國史記》卷第十一《新羅本記》第十一）

新羅的國語歌謠被稱為「鄉歌」，以與唐朝的樂歌「唐樂」互相區別。

由於漢字已經傳入朝鮮半島，因此有人嘗試利用漢字的音或訓，來記錄「鄉歌」的朝鮮語內容，這被稱為「鄉札標記法」，其原理和「吏讀」沒有什麼不同。這樣的標記法傳入日本以後，被日本人用來記錄其和歌。不過，令人感到遺憾的是，用類似的「萬葉假名」標誌的和歌，本來在 759 年左右編成的《萬葉集》中，達到四千五百多首的龐大數量；但是用鄉札標記法標記的鄉歌，現史的卻只有《三國遺事》中的十四

首，和十世紀《均如傳》中的十一首，加起來一共也不過二十五首。

高麗王朝時期，文人一邊更熱中於漢文學的寫作，一邊也開始向國語文學的領域進行探索。最初的兩個世紀中，只有寥寥幾個人問津過國語詩歌，如僧均如的《普賢十種願王歌》十一首，睿宗的《悼二將歌》和鄭敘的《鄭瓜亭曲》等。到了十三世紀上半葉，高宗的翰林文臣嘗試了一種多用漢字的歌謠體國語詩歌，人稱《翰林別曲》。

「別曲」之義和「鄉歌」一樣，是相對於「正宗」的漢詩而言的，同樣帶有輕視的色彩。但是其中可注意者在一乃其韻律是朝鮮式的三、四個，而非漢詩的六、七個，一是其中穿插了朝鮮語句式，因而即使其仍多用漢字，但其結構卻是朝鮮式的。這種「翰林別曲體」國語詩歌的出現，表明了當時的文人想要在漢詩之外，尋求更適於表達思想、感情的民族文學樣式的願望和努力。

經過了「翰林別曲體」的嘗試以後，到了十四世紀末的高麗末期，文人開始嘗試創作一種短歌體裁的國語詩歌稱為「時調」。

與「翰林別曲體」相比，「時調」的篇幅更為短小，結構更為靈活，漢字詞也更少，而且可以歌唱，因而更適宜抒情詠志，表達朝鮮人民的思想、感情。這是當時的文人想要在漢詩之外，尋求更合適的民族文學樣式又一次成功的嘗試，同時也又一次表明了他們在文學創作方面所具的民族自主意識。這種民族自主意識受刺激於當時蒙古的入侵與占領，也與在漢文學方面李奎報和李齊賢等人的作品中類似的表現遙相呼應。

在朝鮮王朝時期，即使朝鮮文字已經創制，但是漢字仍被

視為正式文字，漢文學也仍被視為正統文學。不過，與此同時，國語文學也繼續發展，取得空前的繁榮。在國語詩歌領域，繼「時調」這一短歌體裁之後，又出現了「歌辭」這一長詩體裁。

歌辭產生於十五世紀中葉，正好逢到朝鮮文字的創制，因而提到比時調更好的環境。它比「韓林別曲體」更少使用漢字，在形式上也更為民族化，因而為朝鮮文人提供了更好的民族文學樣式，也對後來的講唱文學（盤索麗）和國語小說的發展產生了影響。

十六世紀著名的歌辭大家鄭澈的《關東別曲》，描寫了金剛山的奇妙景致，從形式到內容都表現出強烈的民族化傾向，並證明了國語詩歌完美的表現能力。同時，從十七世紀左右起，出現了許多國語小說，如許筠的《洪吉童傳》、金萬重的《謝氏南征記》和《九公夢》，總數達三百餘種，像許筠和金萬重等人，都是名門出身的兩班。他們不顧兩班的身分，公然用國語創作小說，表明了他們的民族自主意識之強烈。進入十九世紀，申在孝將許多文學作品唱劇化，這就是「盤索麗」，成了朝鮮獨特的文學藝術形式。

總而言之，儘管漢文學仍是當時的正統文學，但是國語文學卻也取得全面的發展，並為自十九世紀末、二十世紀初起，國語新文學的質面取代漢文學奠定了一個厚實的基礎。

統觀朝鮮國語文學兩千年來的發展歷史，可以看出其由小變大、由弱變強的總體趨勢，而這種發展趨勢又是在漢文學的統治地位之下出現的。這不能不說與朝鮮民族的智慧有關：他們一方面努力學習和模仿流行於東亞的漢文學，一邊又始終不息地探索適合於全民族需要的文學新樣式。這兩個方面緊密地

糾纏在一起，構成朝鮮文學史的獨特景觀。因而對於朝鮮文學史的完整理解，也只有將這兩者結合在一起才能做到。

發展國語文學的精神動力

朝鮮文人之努力於發展國語文學，與他們對民族獨特性的認識，以及他們的民族自主性意識有關。

十六世紀的大思想家李滉（退溪），同時也是一個大時調家，他曾指出發展國語詩歌的必要性：「凡有感於性情者，每發於詩。然今之詩異於古之詩，可詠而不可歌也。如欲歌之，必綴以俚俗之語，蓋因俗音節所不得不然也。」

所謂「俚俗之語」、「俗音節」，也就是朝鮮語及其音節。為了抒發思想感情，必須發之於詩歌；為了使詩歌能詠唱，就必須使用朝鮮語和音節，這就是李滉的國語詩歌觀。很明顯，這種想法是建立在對於本民族語言的認識以及肯定的基礎之上的。

比李滉稍後的歌辭大家鄭澈創作了歌辭名作《關東別曲》，受到許多文人的讚賞。比如金尚憲就評論道：「關東歌曲最清新，東府流傳五十春。文采風流今寂寞，世間誰見謫仙人？」又如楊輯評論道：「我逐浮名落世間，仙壇有約幾時還？逢君聽唱關東曲，領略金剛萬疊山。」

從他們針對《關東別曲》所做的稱讚可以看出，在當時的很多文人中間，歷來被視為非正統的國語詩歌已經開始受到重視。儘管這種重視也許還是初步的，但卻也相當有助於國語文學的發展。

高麗時期的大文人李齊賢喜愛本民族的國語歌謠，曾經把部分作品譯成漢詩，收入自己的文集《益齋亂稿》卷四《小樂府》中。對此，朝鮮王朝初期的徐居正也從民族語言特性的角度，作了相當肯定的評價──

> 吾東方語音與中國不同。李相國、李大練猊山、牧隱，皆以雄文大手，未嘗措手；唯益齋備述眾體，法度森嚴。
>
> （《東人詩話》）

「吾東方語言與中國不同」的看法，與後來李滉的看法精神相同。他們都出於對本民族語言特性的認識，積極肯定國語文學的意義與價值。

對於國語文學的意義和價值肯定最力者，應數十七世紀的著名文人金萬重。他不僅自己親自創作國語小說，留下《謝氏南征記》和《九公夢》；而且還在理論上積極加以提倡，認為國語文學的價值並不下於漢文學。

在他的筆記《西浦漫筆》裡，有這樣兩種著名的發言──

> 人心之發於口者為言，言之有節奏者為詩歌文賦。四方之言雖不同，苟有能言者，各因其言而節奏之，則皆足以動天地，通鬼神，不獨中華也。
>
> 今我國詩文，捨其言而學他國之言，設令十分相似，只是鸚鵡之人言；而閭巷間樵童汲婦咿啞而相和者雖曰鄙俚，若論真贋，則固不可與學士大夫所謂詩賦者同日而論。

金萬重的上述發言，也許受到明末公安派文論的影響；尤其是其第二段發言，頗類似於李夢陽「真詩在民間」的說法。只不過在中國文人那裡，只是主張民間歌謠的價值，反對一味模仿古人；但是在金萬重那兒，卻因此而主張國語文學的價值，反對一味模仿中國文學。因而，在金萬重的發言裡，我們可以體會到其民族自主意識，而這在中國文人那裡是沒有的（當然在當時也是不必有的）。因此，金萬重的發言受到現代韓國學者的高度評價，認為「「這表達了鼎立民族文學的盛強意志，也可以說是『（朝鮮）文學的獨立宣言』。」❸

　　也正是出於上述認識，金萬重才會高度評價鄭澈的歌辭作品，認為《思美人曲》、《續思美人曲》和《關東別曲》，是當時朝鮮僅有的三篇「真文章」。

　　在朝鮮王朝後期的十八、九世紀裡，滿國語詩歌受到更多的重視，標誌之一便是出現了一批時調集，如《青丘永言》（1727 年）、《海東歌謠》（1763 年）和《歌曲源流》（1876 年）等，改變了前此只有漢詩編集的傳統慣例。促使文人去編纂這類時調集的，正是對於民族語言特性的認識，以及對國語詩歌價值的肯定。

　　在《青丘永言》卷首的序中，金天澤這樣闡述他的編纂動機——

　　　　我東人所作歌曲，專用方言，間雜文字，率以諺書，傳行於世。蓋方言之用，在其國俗，不得不然也。其

---

❸　李炳漢：《韓國古典詩論的民族文學論性格》，載淑明女子大學校中國研究所《中國學研究》第七輯，一九九一年十二月，漢城。

歌曲雖不能與中國樂譜比並，亦有可觀而可聽者。中國之
所謂歌，即古樂府，暨新聲被之管弦者，俱是也。我國則
發之藩音，協以文語。此雖與中國異，而若其情境咸載，
宮商諧和，使人詠歡淫泆，手舞足蹈，則其歸一也。

　　他的發言與上述幾位都大同小異，都是要在「漢文學的重
壓」之下，為國語文學爭得一席之地。

　　在直到十九世紀末為止的朝鮮古代文學史上，漢文學一直
占據正統與主流的地位，但是國語文學卻也一直不斷地發展壯
大。這正是因為在朝鮮的歷代文人中，不乏上述那種富有民族
自主意識的文人之故。他們一直努力挑戰自己的地緣文化命
運，為朝鮮國語文學的發展作出貢獻。可以說，他們是在文學
方面，朝鮮傳統智慧的發揚者。

新文學的登場

　　從十九世紀末葉開始，朝鮮的形勢發生了急劇變化，中國
的影響迅速衰落，西洋的影響源源湧入，民族主義情緒普遍蔓
延。在這樣的形勢之下，朝鮮文人不失時機，排斥漢文和中國
傳統，提倡國文和西洋傳統，完成了從漢文學到國語文學，從
舊文學到新文學的傳軌。

　　朝鮮新文學的第一個特徵即它是用朝鮮文字創作的，儘管
早期所使用的也許是朝鮮文字和漢字的混合文體。這既是對過
去的國語文學傳統的一個繼承，同時也是接受西方民族主義文
學概念後的一個產物。因為這時用朝鮮文學創作的文學作品，

上面不再有漢文學的重壓，也不再是支流的非正統文學。毋寧說，它已經取代了漢文學，成了正統與主流的文學，也成了獨一無二的民族文學。

朝鮮新文學的第二個特徵是其創作方法也採用了西方方式，而不再採用中國方式。因而它不是過去的國語文學的簡單延長，而是具有西方概念的新國語文學。在這一意義上，朝鮮新文學已不再屬於漢文化圈，而成了以西方為中心的現代文學的一部分。

朝鮮新文學的第三個特徵是其民族主義性的內容。許多現代的朝鮮作家都具有強烈的民族主義意識，以喚醒覺社會與民眾為己任，為此創作出許多振奮人心的作品，常具有舊國語文學所欠缺的嚴肅性。

類似的由舊文學到新文學，由漢文學到國語文學，由中國傳統到西方傳統的轉軌，也在屬於東亞漢文化圈的其他各國發生。比如日本，自明治維新開始，西方文化蜂擁而入，取代了中國文化。

> 明治維新（1868 年）的大變革，使日本人的世界觀一變。突然出現的歐美文化，取代了從飛鳥、奈良朝古時代起僅屬日本一切思想文化所據的中國文化，全面支配了日本的文化。[4]

漢文學也由此一蹶不振，為國語文學所全面取代，只留下

---

[4] 緒方惟精：《日本漢文學史》（丁策譯），正中書局，一九六八年，台北，第二一〇頁、二一三頁。

若干遺風。一俟甲午戰爭中國戰敗，以及日俄戰爭俄國戰敗，則連遺風也開始消歇，讓位於西方風格的現代文學──

　　一至明治二十年前後，漢文學大家逐漸凋零；又加甲午一役，日本戰勝了老大國清朝，喪失了過去長時間日本人對中國文化所抱的尊敬之念，日本的漢文學便徒告衰退。但是還保持命脈至日俄戰爭時，一至日本的文壇上自然主義勃興，日本的漢文學便漸漸失去生命了。其後雖然在極少數的專家之間，留有作漢詩的人，但是也像蠟炬，漸告熄滅了。❺

　　雖說比日本晚了一些時間，但是類似的過程和情形，也在朝鮮半島發生。

　　其實，即使在中國本土，以五四新文學運動為標誌，也發生了同性質的變革，即告別古典文學（漢文學）傳統，採用西方文學傳統：告別文言文（漢文），採用白話文（國語）；告別舊文學，創造新文學。這是隨著西方影響的進入東亞，在東亞漢文化圈各國中所共同發生的一場文學變革。其意義都是在於告別漢文學（古典文學）的舊時代，進入以西方文學為中心的世界文學新時代。

　　然而，在朝鮮、日本與中國本土之間，這場文學變革也具有一個根本的差異。那就是在中國本土，文學變革只是意味著告別自己的古典文學傳統，其間沒有民族主義因素；但是在朝

---

❺　緒方惟精：《日本漢文學史》（丁策譯），正中書局，一九六八年，台北，第二一〇頁、二一三頁。

鮮和日本，文學變革卻不僅意味著告別自己的古典文學傳統，而且因為其古典文學傳統是在中國文學的影響下建立的，其漢文學更直接從屬於以中國為中心的東亞漢文學的大傳統，因而也意味著告別中國的漢文學傳統，其間帶有明顯的民族主義成分。這頗像隨著近代民族國家的形成，歐洲各國先後告別拉丁文學的舊時代，迎來民族文學的新時代一樣。

如上所述，即使在漢文學全盛的時代，朝鮮文人的民族自主意識也還是頑強地保存著，並且在發展國語文學及文學評論等方面，不斷表現出來；但是，由於在過去的東亞漢文化圈中，中國文學一直占據了最高的寶座，因此即使朝鮮文人再作努力，也無法改變國語文學的不利處境。當西方影響進入東亞之時，正好給朝鮮文人提供了一種動力，使他們得以擺脫漢文學的影響；而機敏現實的朝鮮文也及時抓住這一良機，完成了脫胎換骨的歷史性轉折。

他們在這方面所表現出來的智慧，與在外交等方面所表現出來的，精神上是一脈相通的。無論在接受漢文和中國傳統的徹底性上，抑是在排斥漢文和中國傳統的徹底性上，朝鮮文學都超過了東亞漢文化圈其他各國，讓人留下深刻的印象，這和他們在文字方面的表現也一樣。對於自己的地緣文化命運，即在文學這一側面，他們也作出了成功的挑戰。

Chapter 9
文化：中國影響與自主意識

　　除了文字和文學以外，在廣義的文化的其他各個領域，諸如哲學、史學、宗教、藝術等等方面，朝鮮半島也一直受到中國文化的影響，同時又努力發展出自己的特點。在這些方面，朝鮮民族也同樣表現出他們的智慧，即一邊利用自己所處的地緣文化環境，不斷從中國大陸吸收先進的文化，一邊又對自己的地緣文化命運加以抵抗，努力在各個方面保持自己民族的自主性和獨特性。

　　在指出朝鮮文化的上述特點方面，《韓國手冊》的下面這段評論，也許是較為客觀平允的：「在談到韓國豐富的文化時，往往有人把它形容為獨特的文化。韓國文化誠然有其與眾不同的自身特點，然而這一形容詞也許有時用得過分，或者用得不甚得當。了解東北亞文化是對韓國文化起源進行任何研究或嚴肅討論的前提……韓國人民早期的興起和發展並不劃一，然而總的說來有一個特點，即同中國人民之間的積極接觸以及有時候也發生的鬥爭。從韓國人民形成以種種稻米為中心的農業社會開始，他們的文化逐漸與中國的文化成為一體。韓國製造了鐵工具和鐵武器。在政治、經濟、哲學和文化這幾個方

面，韓國的發展也受到中國的強大影響。但是，僅僅了解文化交流還不能充分解釋韓國文化。正確了解韓國人民的各種特點也至為必要，而這些特點必須聯繫韓國人民的歷史發展來加以解釋。」[1]在朝鮮文化的各個領域當中，我們都能看到吸收與創造的辯證統一。

史學

朝鮮半島的史學傳統，無疑從一開始起，便是在中國的史學傳統影響下發展起來的。

早在三國時代，朝鮮半島便已建立了其史學傳統。在高句麗的早期，就有人編撰了史書《留記》一百卷：「國初始用文字，時有人記事一百卷，名曰《留記》。」600 年，大學博士李文真將其刪修為《新集》五卷。（《三國史記》卷第二十《高句麗本紀》第八）375 年，博士高興開始記載百濟史事：「《古記》云：百濟開國以來，未有以文字記事。至是，得博士高興，始有書記。」（《三國史記》卷第二十四《百濟本紀》第二）545 年，新羅開始修撰國史：「伊湌異新夫奏曰：『國史者，記君臣之善惡，示褒貶於萬代，不有修撰，後代何觀？』王深然之，命大阿湌居柒夫等廣集文土，俾之修撰。」（《三國史記》卷第四《新羅本紀》第四）

除此之外，還有不少的官私史書名見於後來的史書之中。

---

[1] 韓國海外公報館：《韓國手冊》（中文版），一九九二年，漢城，第一七五頁。

如《三國史記》和《三國遺事》經常引用的《古記》和《古史》等。因此，學者推測，早在三國時代，便應有大量史書產生。可惜它們後來大抵失傳，只有片鱗斷爪保留在後來的史書中。

三國時代朝鮮半島尚無自己的文字，以上這類史書都應是用漢字、漢文撰寫的。從新羅異斯夫的奏言來看，其時關於史學的觀念，也還是中國的《春秋》的，顯見是來自中國。因此儘管它們已經失傳，但我們可以想見它們的面貌大抵應是中國史書的模仿。

這一點，現存最早的史書《三國史記》（1145 年）中，也表現得非常明顯。《三國史記》為高麗王朝的金富軾所作，產生於十二世紀上半葉。《三國史記》的體例基本上模仿中國的《史記》（連其取名也是如此），共分本紀、年表、志和列傳等四個部分。在史學觀念和敘事筆法等方面，《三國史記》也受到《史記》的影響。比如努力剔除「怪力亂神」的傳統成分，在篇章後面對歷史事實加以評論等等。

《三國史記》出現之後，作為高麗王朝國史的《高麗史》也繼承了自《三國史記》開始的傳統，採用了同樣的記傳體體例。因而的確可以說，朝鮮半島的史學傳統是在中國的史學傳統影響之下，通過學習和吸收中國的史書編纂方法，而開始形成並發展起來的。由於朝鮮古代史家在這方面的努力，因此在東亞漢文化圈各國中，朝鮮半島的史學傳統也是僅次於中國本土，而位於其他各國之上的。這也是朝鮮古代史家一直引以為豪的事情。

不過，即使是在這種徹底的學習和吸收之中，也並非看不到朝鮮民族固有的自主意識之活動。比如在金富軾的《進〈三

國史記〉表》中，我們即可體會到其刻苦修史背後的民族意識：「今之學士大夫，其與五經、諸子之書、秦漢歷代之史，或有淹通而詳說之者；至於吾邦之事，卻茫然不知其始末，甚可嘆也！」（《東文選》卷四十四）

　　當時的一般學士大夫顯然完全迷失於中國文化之中，連於自己的祖宗也不感興趣，失去了應有的民族自主意識。金富軾有感於這種現象，才編纂了這部《三國史記》，希望人們藉此了解本國歷史。在他的這番著述動機之中，顯然蘊涵有明顯的民族自主意識。這與當時體現在李奎報等人的漢詩裡，以及體現在新興的國語詩歌裡的民族意識，精神上是息息相通的。

　　由於在《三國史記》之中，金富軾經常流露出其中國中心意識，因此他常受到後世朝鮮史家的批評，認為他是「事大曲筆大家」❷；但是，其實在他的《三國史記》裡，同樣蘊含有民族自主意識，這也同樣是不容忽視的。

　　因而也許可以說，朝鮮半島史學傳統的建立與發展，似乎同時受惠於兩方面的刺激：一是對中國史學傳統的學習與吸收，一是自己民族歷史意識的覺醒。也許不僅《三國史記》的作者如此，早期三國時代的史家及後來撰寫《高麗史》等的史家也都這樣。

　　在另外一些類似的史學性質作品中，我們也能看到相似的兩者巧妙共有的現象。比如在蒙古征服高麗王朝以後，李承休寫了一部韻文史書《帝王韻記》（1287 年），敘述中國和朝鮮半島的歷代王朝和帝王。此書分上下兩卷，上卷用七言詩形式敘述中國的歷代王朝和帝王，下卷亦用七言詩形式敘述朝鮮

---

❷　如金得幌：《韓國宗教史》（柳雪峰譯）。

半島的歷代王朝和國王，至高麗王朝則採用五言詩形式。

　　顯然這是一部中國與朝鮮半島對照體例的韻文史書。這種體例亦同樣反映了作者的雙重傾向：就其將中國歷史置於上位而言，顯然他也具有中國中心意識，以及中國歷史中心意識；但就其將朝鮮歷史與中國歷史並置而言，則他又具有明顯的民族意識，以及民族歷史意識。

　　類似於「中朝對照體例」的史學性質作品，在朝鮮王朝時期也產生了不少。比如《治平要覽》，中國則「自周家至元朝」，朝鮮則「自箕子終麗代」；徐居正的《歷代年表》：「中國則上自帝嚳甲子，下至明皇成化戊戌；東方則自檀君戊辰迄本朝，凡三千八百十一年，上列甲子，下注年代。」《歷代世年歌》：「以中國為上篇，東國為下篇。」它們似乎都反映了與《帝王韻記》相似的雙重歷史意識。

　　有意思的是，朝鮮世宗創制朝鮮文字之後，為了試驗它的實用性，命鄭麟趾等人以之創作頌歌。他們遂創作了第一首國語詩歌《龍飛御天歌》（1445 年），以歌頌朝鮮王朝的豐功偉績。而其所採用的體制，不僅是朝漢語言對照體的（先出現朝文，後附以漢譯），而且也是中朝史實對照體。全歌一百二十五章，除開頭、結尾兩章外，每一章都有兩首詩。第一首詠中國古代帝王的業績，第二首詠朝鮮王國的業績。比如其中的第六章云——

　　　　商德之衰，將受九圍。西水之滸，如市之從。
　　　　麗運之衰，將受大東。東海之濱，如市之從。[3]

---

[3]　參見韋旭升：《朝鮮文學史》。

其中也同樣明顯表現了中朝歷史對照的意識。在這種對照中，中國中心意識與民族自主意識同時並存。

十三世紀末葉，大約與李承休創作《帝王韻記》同時，出現了有關三國歷史的另一部名著，與金富軾的《三國史記》一起，被譽為有關朝鮮上古史的雙璧，那就是僧一然的《三國遺事》。《三國遺事》從體制上來說，模仿中國的《西京雜記》、《開天元寶遺事》、《錢塘遺事》等雜史類著作，對此前編的正史《三國史記》，起拾遺補闕的作用，收錄了不少珍貴的史料。從這一點上來說，它也受到中國史學傳統的影響，自然沒有什麼疑問。

不過，與此同時，引人注目的是它和《帝王韻記》一樣，把朝鮮歷史的開端追溯到檀君神話時代，而不是像《三國史記》那樣，僅以三國各個始祖的降生神話開始。從邏輯上來說，既然其書名為《三國遺事》，則似不應該涉及三國以外的事情，比如古朝鮮的檀君神話等。《三國史記》之所以不收檀君神話，恐怕也正是出於這種考慮。但既然它是一本雜史性質的著作，則體例自不會像《三國史記》那般嚴格，而可以收入許多與三國無關的史料。

然而，問題恐怕還可以看得更深一點。正如很多學者所指出的那樣，《三國遺事》之所以收入檀君神話（還有《帝王世紀》也是如此），恐怕與其時代背景有密切關聯。十三世紀末葉，正為蒙古征服高麗王朝時期，朝鮮半島處於半滅亡的狀態。這種狀態激起很多人的民族意識，並通過各種途徑表現出來。在歷史著作中收入檀君神話，以此誇耀朝鮮民族的悠久歷史，恐怕也正是民族意識的表現之一。《三國遺事》因此而備受現代朝鮮史家的稱譽——

特別值得注意的是，《三國遺事》中收錄了古朝鮮建國的檀君神話，這是為不語超現實之「怪力亂神」的儒者在《三國史記》中所無視的……在對元的臣服之下，高麗王室及貴族的生活中彌漫著濃烈的蒙古風氣。在這樣的時候，將朝鮮史的開端從檀君神話寫起，這的確是意味深長的。❹

因此，在現代的朝鮮史學界，《三國遺事》比起《三國史記》來，往往受到更高的評價，被譽為是具有愛國主義精神，以免具有民族自主意識的傑作。如果僧一然真是有意識這麼做的話，那麼促使他編纂《三國遺事》的動因就不僅有中國史學傳統的影響，同時也有民族自主意識的刺激了。

而到了朝鮮王朝時期，一些民族自主意識強烈的學者便繼承了《三國遺事》的傳統，努力發掘民族的歷史傳統，把這個傳統一直追溯到檀君時代。比如安鼎福就是這麼做的，他的《東史綱目》強調檀君是第一個合法統治者，明確地把朝鮮歷史的開端置於檀君時代。

由此可見，朝鮮半島史學傳統的建立與發展以接受中國史學傳統的影響為起點，而以朝鮮民族自主意的發揚為歸結。其中我們可以看到同樣的智慧表現，那就是一邊利用自己的地緣文化環境，不斷從中國吸收先進的文化；一邊又對自己的地緣文化命運加以抵抗，努力保持自己民族的自主性與獨特性。

---

❹ 姜在彥：《朝鮮的歷史與文化》，大阪書籍，一九八九年，大阪，第一四一頁。

繪畫、書法與音樂

　　朝鮮半島的各種藝術樣式，比如繪畫、書法、音樂等等，在其早期的發展中，都深受中國藝術的影響，同時又表現出自己的獨特性。

　　從三國時代到朝鮮王朝，朝鮮繪畫每個階段的發展都和當時中國大陸的情況息息相通，同時又帶有某種朝鮮半島的特徵。比如著名的高句麗繪畫，以其力度感和節奏感著稱，其中可以看出漢魏六朝藝術影響的痕跡；但正繪畫中人物所身著的民族服裝，以及那種北方遊牧民族所特有的強悍性，卻顯示著高句麗繪畫的獨特民族性。而相比之下，新羅和百濟的繪畫更多地受到中國南朝畫風的影響，顯示出優雅和細膩的南方特點，同時又具有自己的鄉土氣息。

　　在統一後的新羅時期，隨著與唐朝之間文化交流的活躍，肖像畫、山水畫和佛像畫都得到發展。而在高麗王朝時期，儘管與南北宋很少外交往來，但是文化上的交流非常頻繁，因而又接受了宋代畫風的影響，特別是在仕女畫、山水畫、花鳥畫和花卉畫等方面，取得了長足的進展。蘭、竹、梅等象徵士君子理想的花卉，也開始大量進入當時的朝鮮繪畫。然而，與此同時，特別是在山水畫方面，也可看到像李寧的《禮成江圖》和《天壽寺南門圖》，以及無名氏的《金剛山圖》、《晉陽山水圖》和《松都八景圖》等作品，描繪了朝鮮半島的美麗風光，顯示了某種隱約的民族意識。

　　在朝鮮王朝時期，朝鮮的古典繪畫達到了其高峰階段。朝鮮王朝的畫家吸收了從宋到清的中國各種風格，如馬遠和夏陸的畫風，李郭派或郭熙派、院體畫派、仇派畫風、南派畫風等

等，使得朝鮮畫壇爭奇鬥艷、異彩紛呈。但是與此同時，朝鮮畫家也追求著自己的風格。特別是到了十八世紀，以實學運動為其代表，民族自主意識有了增長，在當時的繪畫裡也出現了類似的傾向。有些畫家刻意描繪朝鮮的山水風光，比如鄭歑的《仁旺霽色圖》等，以寄寓自己對祖國的熱愛。

另有一些畫家如金弘道、申潤福和金得臣等，發展起表現日常生活場景的風俗畫，像金弘道的《舞童》、《書堂》、《摔跤圖》和申潤福的《池塘野遊圖》等，都是其中的的代表性作品。一望而知的典型朝鮮服裝、建築和場景等，使這些風俗畫洋溢著濃重的朝鮮民族氣息。在朝鮮半島的古典型式繪畫中，我覺得這種風俗是最具朝鮮特徵的，也是我所最為喜愛的。由於表現了民族自主意識，因此這類山水畫和風俗畫，在現代的朝鮮半島受到高度的肯定。❺

在朝鮮半島也像在中國一樣，和繪畫密切相關的是書法。由於十五世紀中葉以前，漢字是朝鮮半島使用的唯一文字，又由於即使朝鮮文字創制以後，一直到十九世紀末葉為止，漢字也仍然是通用的官方文字，因此傳統的朝鮮書法用字是漢字，而非朝鮮文字。

這樣一個歷史背景，似乎決定了朝鮮書法的命運注定要處在中國的影響之下。歷代的朝鮮書法家大都受到同時或稍前的中國書法家的影響；如王羲之、歐陽洵、虞世南、趙孟頫、文徵明等中國著名書法家，大都曾先後影響過朝鮮半島的書法傳統，並各自擁有大批的追隨者和崇拜者。

---

❺ 參考韓國海外公報館：《韓國手冊》（中文版），一九九二年，漢城，第一九一～二〇一頁。

要在中國和朝鮮的書法傳統之間劃分出一個明確的界域，或者說在朝鮮的傳統書法中間找出朝鮮半島的獨特因素，相對來說要比其他藝術領域更為困難。因為使用漢字這一前提，在根本上限制了這種可能性。

　　但是到了本世紀中，朝鮮文字的書法登場了。尤其是朝鮮半島光復以前，實行了停用漢字的文教政策，因此使得本已日趨衰微的書法藝術開始到朝鮮文字中去尋求新生。於是朝鮮文字的書法日益流行，漸有取代漢字書法的傾向；或者至少兩種書法同時並存，而以朝鮮文字書法更為普及。這頗類似於日本的情形，假名書法與漢字書法並駕齊驅。

　　朝鮮文字雖是拼音文字，與表意的漢字根本不同，但是由於其筆劃模擬漢字，其音節組成方塊字樣式，因此仍然適用於毛筆書寫、真、草、隸、篆，似乎都能寫得來。不過，由於筆劃主要模擬篆文「（字仿古篆」），所以似乎特別適用於篆體書法。有時其蒼勁古拙的風格還能獲得一種類似金石文字的效果。這就像日本的平假名，因原先取自漢字草書，故平假名書法尤以狂草見長。

　　我個人的看法認為，金石文般的朝鮮文字書法，與狂草的日本平假民書法，才是真正表現它們各自民族性的書法樣式，它們總是使我感到魅力無窮。

　　所以，也許我們對於朝鮮繪書說過的話，也同樣適用於朝鮮書法：那就是它同樣以接受中國的影響始，而以發揮自己的民族特性。

　　在昔日的東亞漢文化圈中，還在繼續使用繁體字（在韓國叫「正體字」）的國家或地區已越來越少了。今日韓國雖然使用漢字不多，但是每當看到那些漢字書法作品，所使用的都是

純正的「繁體字」，別具一種端莊穩重的韻味，每每使人產生隱約的懷舊之感。

　　純正的繁體漢字書法，與新式的朝鮮文字書法，巧妙地並存於朝鮮半島之上，這難道不是其智慧的生動表現嗎？

　　朝鮮半島的傳統音樂也曾受過中國的巨大影響。這主要表現在兩個方面：一是引進了作為祭祀音樂的雅樂，一是引進了唐宋的世俗音樂唐樂。唐樂在進入朝鮮半島之後，又演變成宮廷音樂。使用雅樂和唐樂的時間，一直從高麗王朝延伸到朝鮮王朝。在當時崇尚中國文化的氛圍中，它們都曾經備受尊重，被賦高於本地音樂的位置。

　　不過，在十五世紀上半葉，以及十五、六世紀之交，也就是朝鮮世宗和燕山君在位時期，它們卻都遭到相當的挫折。尤其是燕山君在位之際，一度廢止了中國系的雅樂，從而給本地音樂帶來了新機，造成朝鮮音樂史上的一大轉變。因此，朝鮮王朝中期的音樂特徵，一方面是來自中國的雅樂和唐樂的衰退或朝鮮化，另一方面是朝鮮式的民族音樂（如「盤索麗」）開始產生和發達。

　　在朝鮮王朝的歷史上，燕山君以其暴虐著稱：不過他卻以其隨心所欲的專制作風，為朝鮮音樂的民族化鋪平了道路。然而，與此同時，由於有人用朝鮮文字書寫文章，揭露了他的暴虐行為，他又因此而禁止使用朝鮮文字，影響了朝鮮文字在當時的傳播。歷史的加減乘除，有時真是讓人琢磨不透。

　　不過，不管有無燕山君的上述作為，朝鮮音樂總會在接受中國的影響之後，在羽毛豐滿時擺脫它，這只是或遲或早的事情而已，正如在其他藝術領域裡所發生的那樣。「盤索麗」的樂聲總會響起來，因為它更能表達朝鮮民眾的感情，同時也更

能征服他們的心靈。

佛教

　　佛教起源於印度文化圈，但是在東亞漢文化圈中，它亦獲得了巨大的發展。於是佛教文化遂成為印度文化圈和漢文化圈的重疊部分。

　　漢文化圈中的佛教的基本特徵，是各個國家都使用漢文佛經，無論是中國本土，還是朝鮮、日本或越南。佛教的漢譯大抵由中國學者從事，但是漢譯佛經的研讀卻由漢文化圈各國共同從事。

　　不僅是漢譯佛經的研讀，就連漢譯佛經的刻印，也在中國本土和本土以外同時進行。世界聞名的漢譯大藏經之一的高麗藏便由高麗王朝從 1236 年到 1251 年，總共費時十六年刻成。高麗藏總經板八萬一千二百五十八塊，每塊正反兩面刻字，每面刻字三百多個，計收佛經一千四百九十七種，共六千五百五十八卷，約五千萬字左右。這套大藏經的經板，歷經七百年的劫難，還完整原存在海印寺裡。

　　1993 年十月，我曾造訪海印寺，一睹了它的丰采，對這項偉大的工程留下極深刻的印象。這是朝鮮人民的心血和智慧的結晶，是對佛教文化和漢文化的傑出貢獻。

　　朝鮮半島接受佛教的歷史可以一直追溯到三國時代。從文獻記載來看，372 年，中國僧侶順道進入高句麗傳教；384年，印度僧侶摩羅難陀從東晉來到百濟傳教；417 年，高句麗僧侶墨胡子來到新羅傳教。這分別是佛教傳入三國之始。當

然，民間的傳播可能還要更早一些，以上只不過是見於文獻記載的初次而已。

佛教傳入半島以後，除了新羅有過一次戲劇性的事件，表明也許守舊派不喜歡它之外，基本上不僅沒有遇到什麼抵抗，而且還發展得非常迅速，受到王室的提倡和保護，在三個國家都被定為國教。而之所以會出現這種現象，「其原因有很大一部分可以追溯到韓國對中國學說的尊敬。」❻顯然與當時對整個中國文化的尊崇風尚有關。

從各個方面來看，朝鮮佛教都可以說屬於以中國為中心的東亞佛教文化圈，不僅以漢譯佛經為研讀對象，而且寺廟體制和制度風俗也與中國大同小異。

但是，朝鮮佛教同樣不是中國佛教的簡單模仿，而是具有朝鮮民族獨特性的東西。「儘管同樣使用漢譯大藏經，但是朝鮮佛教基於朝鮮民族的主體性，創了一種完全不同於日本佛教的佛教，一種與中國的佛教也完全不同的獨特佛教。」❼

也許行新羅高僧元曉的經歷是一種象徵。當時新羅佛教的風氣是去中國留學，元曉也和朋友踏上了旅途。不過，走到半路上，他忽然大徹大悟，覺得既然心外無物，何必又要去中國！於是他返回新羅，後來成了著名的高僧之一。也許元曉的大徹大悟，也象徵著朝鮮佛教自主性的徹悟。

而有意思的是，據說元曉還有過一個私生子，那就是新羅

❻ 韓國海外公報館：《韓國手冊》（中文版），一九九二年，漢城，第一三九頁。
❼ 鎌田茂雄：《朝鮮佛教史》，東京大學出版會，一九八二年，東京，第一頁。

著名的學者薛聰，他創制了用漢字書寫朝鮮語的吏讀法——這同樣是語文方面的自主性表現。從這種共同的自主性來說，他們倒真像是一對父子。

人們常常指出的朝鮮佛獨特處之一，是在朝鮮半島的寺廟裡通常都有一座山神閣，供奉的是與佛都全然無關的山神。它既來源於中國道教信仰的影響，也來源於朝鮮民族所固有的泛靈論思想。此外還有一座七星閣，供奉的也是與佛教無關的北斗七星，也來源於中國古代的七星信仰。這兩座閣都是中國和日本的寺廟裡所無的，反映了朝鮮民族善於融合各種信仰的智慧。

而對我個人來說，我感覺最為獨特的，應是朝鮮寺廟的色彩。那是我在中國和日本的寺廟中所從來未曾看見過的。各種異常鮮麗的原色巧妙地組合在一起，給視覺以強烈的刺激，在山青水秀的深山幽谷裡，尤其顯得美麗、和諧。這種艷麗的色彩和圖案，與朝鮮的民族服裝，以及韓國國旗的設計，都具有某種共同的精神，可以說是他們獨特的審美趣味之發現。

每一次參觀韓國的名寺古剎，我都會為其美麗的色彩所吸引，而不覺長時間留連忘返。我覺得光是這種艷麗的色彩，便已經象徵了朝鮮佛教的獨特性了。

不過，當然，最能反映朝鮮佛教的獨特性的，還應該是其特有的護國精神。據說這也是中國和日本的佛教所沒有的。朝鮮佛教的這種護國精神始於三國中的新羅時代。名僧圓光的《世俗五戒》可以說是其早期代表。所謂《世俗五戒》，就是在佛教的「不殺生、不偷盜、不邪淫、不妄語、不飲酒」之外，針對世俗之人別立的五條戒律——

一曰事君以忠，二曰事親以孝，三曰交友有信，四曰臨戰無退，五曰殺生有擇。

　　　　　　　（《三國遺事》卷第四義解第五《圓光西學》條）

　　其中洋溢著護國忠君的精神，應是與儒教思想相混合的產物。尤其是其中「臨戰無退」的思想，成為新羅統一三國的精神指導之一，曾經發揮過很大的影響和作用。在後來反抗各種外來侵略時，這一信條也成為人們的精神動力之一。

　　慶州的皇龍寺九層塔，是所謂的「新羅三寶」之一（另外兩寶是皇龍寺的丈六佛像和聖帶），其建造動機也是為了護國與攘寇。其所針對的是當時新羅心目中的九大外敵，因此分別以九層塔鎮之──

　　第一層是日本，第二層中華（指中國中原一帶），第三吳越（指中國江南一帶），第四層托羅（今濟州島），第五層鷹游（指中國蘇北一帶），第六層靺鞨，第七層丹國（契丹），第八層女狄（女真），第九層穢貊。

　　　　　　　　　　《三國遺事》卷第三塔像第四
　　　　　　　　《皇龍寺九層塔》條引安弘《東都成台記》

　　這個皇龍九層塔，也被看作是新羅佛教護國精神的象徵。

　　另外，在朝鮮曾普遍舉行的八關齋會，也由原來在中國的法事性質，轉而成為護國而舉行的國家儀式。在契丹和蒙古進攻朝鮮半島時，高麗王朝曾通過雕刻大藏經來祈求佛祖保護。在 1592 年壬辰戰爭時，參加抗倭戰爭的僧侶多達五千餘人。他們恪守「臨戰無退」的信條，發揚了朝鮮佛教的護國精

神。[8]

朝鮮佛教的護國精神，從三國的新羅時代一直延續到朝鮮王朝時期，成為朝鮮佛教的一種獨特傳統，很明顯地不同於中國和日本的佛教，表現出朝鮮佛教的民族特性。

朝鮮佛教的這種獨特傳統，與朝鮮半島的歷史風土有關。正由於一直面臨各種內憂外患，佛教才被看作是護國的法寶，受到人們的普遍祈仰，從而孕育出這種獨特的護國精神。

即從朝鮮佛教的這種獨特性亦可看出，朝鮮民族是怎麼樣一邊吸收外來宗教，一邊又將之加以本土化的。後來，對近代新傳入的西方宗教，如新教和天主教等，也有加以本國化的傾向。如早在廿世紀六〇年代，韓國的基督教界，傳統基督教的傳教方法及可能性，以及其與韓國傳統信仰和世界觀的關係，以柳東權的文章為導火線，展開了一場關於「土著化」的神學大爭論。柳東植一派的基本主張是，為了基督教的福音傳教，必須採用民族文化的固有概念及表現方式，求得其與韓國社會的適應。

此外則有將基督教非西歐化的嘗試，如以韓國的固有曲調來作聖歌，在聖畫上讓基督戴上韓國的傳統帽子，讓聖母瑪麗亞穿上鮮艷的韓服，抱著也穿小韓服的小基督。進入七〇年代以後，以從西洋神學獲得解放為目的，「韓國式的神學」受到提倡。重視參與和行動、強調民眾解放的「民眾神學」也引起國際範圍的關心。

許多新興的基督教團體，以韓國的傳統神話和信仰解釋基

---

[8] 參閱鎌田茂雄：《朝鮮佛教史》，東京大學出版會，一九八二年，東京。

督教的基本教義，具有強烈的民族主體意識，帶有民族宗教的性質。[9]其中所貫穿的民族自主精神，以及將外來宗教本土化的努力，自與當初對佛教的作法是一脈相通的。

---

[9]　參伊藤亞人編：《韓國》，弘文堂，一九八七年，東京，第二七八～二八〇頁。

Chapter 10
學術：觀念的變遷

　　每個民族對於自己的文化和歷史的看法，雖然在主觀上都有追求客觀真實的願望，但在實際上卻深受某些隱藏得很深的價值觀之影響，在一定意義上不妨都可以看作是一些隱喻，含蓄地表達著每個民族的心理和理想。只有這樣理解學術上的各種觀點和看法，我們才不會糾纏於具體的枝節，而直達導致它們產生的原點和核心，並理解它所包含的各種隱喻意義。

　　朝鮮半島所處的獨特地緣文化環境，也對朝鮮民族的歷史和文化觀點產生深遠的影響。歷史上長期以來受到來自中國的影響，為了保持自己的民族特性而作的持續抵抗，在東亞漢文化圈中所處的「半島式」位置，從漢文化到西洋文化價值觀的變遷，與中國和日本的現實關係之變動，近代以來民族主義意識的強化與流行等等，這一切都要深深影響了其歷史和文化觀點。也只有從上述這些歷史背景出發，我們才能理解其歷史和文化觀點的意義。

　　然而，不管怎麼說，在朝鮮民族的歷史和文化觀點中，其實也同樣蘊涵著那種獨特的傳統智慧，那就是既利用自己的地緣文化處境，同時又抵抗自己的地緣文化命運。這與貫穿在其

他活動中的智慧，在精神實質上是一脈相通的。

「箕子東來說」

在各種歷史與文化觀點中，關於「箕子東來說」的命運，也許是一個最敏感的晴雨表，反映著朝鮮民族觀念的變遷，也表現著他們的智慧運作。

據中國的一些史籍記載，公元前十二世紀左右，殷朝被周朝滅亡前後，殷國臣民箕子東逃；而據朝鮮的一些史籍記載，他其實進入了古朝鮮，引進了殷國文化，並建立了國家。據司馬遷的《史記》說，他在古朝鮮的地位，後來還受到周武王的正式認可：「於是武王乃封箕子於朝鮮而不臣也。」（《宋微子世家》）這就是「箕子東來說」。

顯而易見，這是一個與古朝鮮的建國，進而與朝鮮的上古史，更進而而與整個朝鮮文化的起源具有重大關係的問題，因為如果真有這麼回事，則不惟古朝鮮，而且整個朝鮮的歷史和文化都直接發源於中國的殷商文化，或至少具有極為密切的關係；而如果沒有這回事，則雖然古朝鮮仍然受過中國文化的影響，但卻與殷商文化沒有什麼特別的關係。因而這個問題在朝鮮的歷史上一直受到高度的重視。

朝鮮半島在歷史上曾處於東亞漢文化圈中，長期間一直受到中國文化的影響，並以中國文化的價值觀為其價值觀。在那樣的時候，「箕子東來說」的存在不啻是一個有利的證據，證明朝鮮文化承自中國文化的正統性，證明朝鮮文化相對於其他周邊文化的優越性，證明朝鮮半島也是「華」而非「夷」（至

少是「小華」）。這給了朝鮮民族以文化上的正統感和優越感，因為當時的價值觀是以中國文化為中心的。

正是因為這樣的原因，所以一直到朝鮮王朝末期，「箕子東來說」一直受到肯定，甚至提倡。高麗王朝於十二世紀，還在平壤修建了箕子墓和箕子祠，並舉行隆重的祭祀活動。對箕子墓的祭祀和紀念，一直持續到朝鮮王朝末期，中國的影響退出朝鮮半島時為止。而朝鮮的知識分子也一直引以為榮。像下面這樣的看法，在古代朝鮮比比皆是——

孔子以文王、箕子並列，於易象又稱之仁，則箕子之德不可得而替也。禹之平水土也，天賜《洪範》，彝倫敘矣。向非箕子為武王而陳之，則《洛書》天人之學，後之人何從而知之？箕子者，武王之師也。武王不以封於他方，而於我朝鮮。朝鮮之人，朝夕親炙，君子得聞大道之要，小人得蒙至尊之澤，其化至於道不拾遺，此豈非天厚東方，畀之仁賢，以惠斯民，而非人所能及也耶？井田之制，八條之法，炳如日星。吾邦之人，世服其教。後之千祀如生，其時愀然對越，自有不能已者矣！

（金烋《海東文獻總錄》引卞季良語）

首先是肯定有「箕子東來」這回事，然後又以此為光榮和自豪之事，從而又樹立了文化上的優越感和正統感。這是古代朝鮮對「箕子東來說」的一般看法。

尤其是在遭受外敵入侵時，「箕子東來說」也常常受到宣揚，旨在以文化上的正統感和優越感，鼓舞人民的抗敵鬥志，並藐視文化上不如自己的外敵。比如高麗王朝稱臣於蒙古之

後，李齊賢寫了不少愛國詩歌，表達了他對此事的憤懣。其中一首《題長安逆旅》詩，開頭即是「海上箕封禮義邦」，通過強調箕子的分封於朝鮮，來強調朝鮮的悠久文明與歷史，以提高民族自信心，並盼望著民族的復興。

由於殷商文化和「東夷」有相當密切的關係，又由於「東夷」和古朝鮮亦有相當密切的關係，因此又有的學者以為：箕子的東入古朝鮮，乃是因為在殷商與古朝鮮之間原本就有文化上的因緣關係之故。而且，由於箕子帶來的是殷商文化，比起後來成為漢文化核心的周文化來，歷史更為悠久，因此作為殷商文化繼承者的朝鮮文化也就比作為周文化繼承者的漢文化更為正統和古老。這種觀點背後的價值觀念仍然是以中國文化為中心的，不過我們卻可以看到一種努力，即想要利用「箕子東來說」，反過來抵抗中國文化的壓力。

不過，進入近代以後，隨著中國影響的退出朝鮮半島，以及西洋影響如潮水般湧入，對於歷史與文化的價值觀也發生了巨變。原先以中國文化為中心的價值觀，開始讓位於以西洋文化為中心的價值觀。民族主義也是其表現的形式之一。於是「箕子東來說」的命運便也發生了急劇的轉變。「箕子東來說」所代表的朝鮮文化來自中國文化的正統性，在連中國文化本身也已衰落的今天已顯得毫無意義，反而成了有礙於朝鮮半島擺脫中國影響的絆腳石。因此，進入近代以後，尤其是朝鮮半島光復以來，「箕子東來說」開始受到否定，認為歷史上根本沒有這回事，是中國史家在公元前二、三世紀偽造的，又受到「事大」的歷代王朝利用，以抹煞朝鮮人民的自主思想。

當然也有繼續肯定「箕子東來說」的，比如代表韓國官方觀點的《韓國手冊》便說：「當殷朝崩潰時，殷國臣民箕子約

在公元前十三世紀進入檀君的轄土，引進殷國的文化。」[1]但是，即使在現代的肯定「箕子東來說」的觀點中，也已經不包含歷史上那種以此為榮的態度了。

顯而易見，「箕子東來說」已不僅是一個純粹的史學問題，而且也是一個牽制到更為複雜方面的問題。因此，簡單的考證已經不足以解決問題，而是應該通過對它的態度，來了解一種文化上的隱喻。

而在這個問題上，朝鮮半島的智慧表現在無論是其歷史上的肯定這一說法，抑是現代的否定這一說法，其背後的基本精神其實都是相通的，那就是追求文化上的優越和自信心；只不過，隨著價值觀的變化，在具體表現上有所不同而已。

檀君神話

與「箕子東來說」的命運相反，但是反映了同性質之內在精神的是關於檀君神話的命運之變遷。

世界各民族大抵都有創世神話，古朝鮮亦有自己的創世神話，那就是關於檀君的神話。古朝鮮族從約公元前五世紀至公元前二世紀，存在於今中國東北的遼河一帶。大約有公元前四、五世紀，檀君神話在古朝鮮形成。據十三世紀末的《三國遺事》引《古記》記載，其主要內容是這樣的——

---

[1] 韓國海外公報館：《韓國手冊》（中文版），一九九二年，第五十九頁。

昔有桓因庶子桓雄，數意天下，貪求人世。父知子意，下視三危太伯，可以弘益人間，乃授天符印三個，遣往理之。雄率徒三千，降於太伯山頂神壇樹下，謂之神市；是謂桓雄天王也。將風伯、雨師、雲師，而主穀、主命、主病、主刑、主善惡，凡主人間三百六十餘事，在世理化。時有一熊一虎，同穴而居，常祈於神雄，願化為人。時神遺靈艾一炷，蒜二十枚，曰：「爾輩食之，不見日光百日，便得人形。」熊、虎得而食之。忌三七日，熊得女神；虎不能忌，而不得人身。熊女者無與為婚，故每於松樹下，呪願有孕。雄乃假化而婚之。孕，生子，號曰壇君王儉。以唐高即位五十年庚寅，都平壤城，始稱朝鮮。又移都於白岳山阿斯達，又名弓忽山，又今彌達。御國一千五百年周虎（武）王即位己卯，封箕子於朝鮮，壇君乃移於藏唐京。後還隱於阿斯達，為山神。壽一千九百八歲。

　　　　　　　　《三國遺事》卷第一紀異第二《古朝鮮》條

　　在與《三國遺事》約略同時的《帝王韻紀》中，亦有類似的記載。

　　在高句麗、新羅和百濟並列的三國時代，三國各有自己的創世神話，古檀君神話基本上未受重視。十二世紀，金富軾撰《三國史記》，也僅分別從三國的創世神話寫起，而未涉及古朝鮮的創世神話。新羅統一三國以後，自然會以自己的創世神話作為整個朝鮮半島的創世神話。只有到了高麗王朝時代，出於統一三國的需要，也出於抵抗外來侵略的需要，檀君神話才開始大受信奉。因為它比三國的創世神話更為古老，也更具有

三國的創世神話所沒有的時統一性，適於作為整個朝鮮民族的創世神話。這正如《帝王韻記》裡所主張的：「故尸羅（新羅）、高禮（高句禮）、南北沃沮、東北挟餘、穢與貊，皆檀君之裔也。」（《帝王韻記》卷下《東國君王開國年代》）

於是朝鮮民族的歷史便第一次被作了系統化的整理，其系譜一直追溯到古朝鮮的檀君神話。這種努力以《三國遺事》和《帝王韻記》為代表，出現在蒙古征服高麗王朝的外患頻仍時代，其中所蘊涵的民族自主和獨立意識是顯而易見的。

不過，雖然檀君神話從高麗王朝開始受到重視，並被看作是朝鮮民族的歷史開端，但是其實直到十九世紀末葉為止，在高代朝鮮史家心目中更受重視的還是「箕子東來說」。

其原因我們在上文已經說過了。朝鮮王朝後期，像安鼎福這樣的史家，在其《東史綱目》中，明確地把朝鮮歷史的開端置於檀君神話時代，表現了強烈的民族意識；不過，與此同時，他也仍然肯定「箕子東來說」，肯定朝鮮文化來自中國文化的正統性。

從十九世紀末葉起，隨著中國文化影響的衰落、以及現代民族主義的崛起，古老的檀君神話開始被注入新的生命力，受到前所未有的重視，與「箕子東來說」的命運恰好形成鮮明的對照。尤其是在日本的殖民統治之下，檀君神話作為民族凝聚的中心，開始被特寫化和神聖化。

1926 年三月，崔南善在《東亞日報》上發表了《檀君論》，在《朝鮮日報》上發表《不咸文化論》，1930 年發表《〈三國遺事〉解題》，都極力宣傳檀君神話。此後，在朝鮮

現代史觀中，檀君神話開始占有最重要的地位。[2]以檀君為崇拜對象的大宗教，本來到十五世紀時，幾乎已經絕跡，但是到了十九和二十世紀之交，隨著日本侵略的日益強化，以及民族主義和獨立精神的崛起，這一古老的宗教再度復活，並出現了若干代表這種宗教的教派。[3]

朝鮮半島光復以後，尤其是在現代韓國，檀君神話受到進一步的信仰。檀君紀年（檀紀）一直被使用到 1961 年；而直到今天，也仍和公曆一起被使用。公元前 2333 年被確定為檀君誕生之年，因此檀君紀年就是公元年數加上 2333 年。比如以 1994 年來說，檀紀就是 4327 年。檀君的誕辰被確定為公曆十月三日，這一天現已被定為「開天節」，作為朝鮮半島的建國紀念日。除了大宗教以外，此外還有不少宗教組織，為了宣揚民族主義意識，同樣以檀君為信奉對象。

甚至近代以來廣為流行的基督教等，也受到檀君神話的影響。有人將檀君神話的基本構造與基督教對比，主張其具有普遍的世界意義。許多基督教系的新興宗教團體以朝鮮的傳統神話和信仰解釋基督教的基本概念。有的宗教團體聯繫檀君來布道、有的則是聯繫天孫降臨神話，認為基督教會降臨韓國的名山，等等。[4]總之，可以說檀君信仰在現代韓國達到了高潮，超過以往歷史上的任何時代。

檀君神話之受到普遍信仰，當然是為了宣揚民族主體意

---

[2]　伊藤亞人編：《韓國》，弘文堂，一九八七年，東京，第二八〇頁。

[3]　韓國海外公報館：《韓國手冊》（中文版），一九九二年，第一三七頁。

[4]　伊藤亞人編：《韓國》，弘文堂，一九八七年，東京，第二七八～二八〇頁。

識，並使人們對自己的悠久歷史抱有自豪感。這和在過去的悠久歲月裡，「箕子東來說」之受到普遍信從，實出於相似的心理和願望；只不過從過去對中國文化的認同，轉而為對民族創世神話的認同而已。從檀君神話的歷史變遷，以及其與「箕子東來說」的命運之對轉中，我們可以體會到朝鮮民族的智慧，那不斷適應變化了的形勢，而追求自己文化優越性的努力。

渤海國

關於渤海國的性質問題，亦是一個深受朝鮮史家重視的問題，其中也同樣表現出他們的強烈民族意識。

公元 668 年，高句麗被唐朝和新羅聯軍所滅亡，其領土以大同江一帶為界，為唐朝和新羅所瓜分。高句麗前將領、粟末靺鞨人大祚榮祖成了一支靺鞨人和原高句麗人的聯軍，在原高句麗領土的東北方發展起來。先是成立了「震國」，後於 713 年改名為「渤海國」，並逐漸控制了除遼東半島（仍為唐有）外，原高句麗的大部分領土。這樣直到 926 年，其為新興的契丹滅亡為止，一共存在了二百多年，而尤以九世紀上半葉臻於鼎盛。

渤海國民族的構成，絕大部分是靺鞨人，包括其王族大氏，同時也有相當數量的前高句麗人。由於渤海國是在原高句麗的領土上發展起來的，因此在各個方面必然會接受原高麗句的影響。在其建國之初，還利用了具有統治經驗的原高句麗人為地方官吏：「渤海初建國，無州縣，就村置長，大村曰都督，次村曰刺史，其下曰首領，皆以高麗人為主。」（《日本

史‧渤海傳》，轉引自黃維翰《渤海國記》）

渤海國的靺鞨人和原高句麗人，後來融合為一個統一的渤海民族。

渤海民族有自己的語言，但沒有自己的文字。因而他們使用漢字，文化亦屬漢文化圈。雖然其歷史文化獻已蕩然無存，但是我們從當時中國和日本的文獻記載中，可以了解他們的歷史與文化情況。如在日本平安時代的《和漢朗詠集》中，我們可以看到渤海使者與日本文人的唱和之作，表明其漢文化水準已達到相當高的程度。

渤海國與唐朝和日本往來密切。在其立國的二百多年間，遣唐使節先後有近百次之多。對日本也經常派遣使節，日本也相應地對之派遣使節。但是它和南方統一後之新羅，卻幾乎沒有任何往來。在其立國的二百多年間，新羅的正式派遣使節，據史籍記載，只有兩次。

新羅在八世紀中葉，曾一度應唐朝之請，和唐軍一起夾攻渤海國。為此，新羅得到的報酬是唐朝正式認可了其對大同江以南領土的支配權。新羅後來在兩國邊境築了三百里長城，並置戍大同江，以防備渤海國。後來兩方並未發生什麼戰爭，一直保持了不戰不和的局面。渤海國與新羅的消極關係，和其與唐朝與日本的積極關係，形成了鮮明的對照。

渤海國被契丹滅亡以後，其遺民分散到東北亞各地，如遼東半島、朝鮮半島，以及中原各地，後來基本上與當地民族融合了。

由於渤海國存在時間短暫（從古代歷史的長河來看），其文獻資料湮滅不存，其民族構成較為複雜，因此對於它的性質，歷來史家各有不同的看法。

從十三世紀末葉開始，在朝鮮的若干歷史著作中，渤海史已被看作是朝鮮史的一部分。比如李齊賢的《帝王韻紀》卷下《東國君王開國年代》，最後即敘述了渤海國的歷史——

　　　　前麗舊將大祚榮，得據太白山南城。於周則天元甲申，開國乃以渤海名。至我太祖入乙酉，舉國相率朝王京。維能知變先歸附，禮部卿與司政卿。歷年二百四十二，其間幾君能守成？

　　僧一然《三國遺事》卷一紀異第二中，也涉及到「靺鞨·渤海」的事蹟。不過他們都只是簡單提及而已，沒有加以特別的強調。

　　朝鮮王朝後朝，受實學思想的影響，很多史家重視研究本國歷史，並強調本國歷史的獨特性。除了作為民族歷史的開端，檀君神話開始更受重視以外，渤海國的歷史也開始受到重視，被當成其本國史的一部分。比如韓政窷和柳得恭，便都是這樣史家。他們十分注重研究渤海國的歷史，撰寫了有關這方面的論著，認為渤海史是本國歷史的一個組成部分。

　　到了近代，渤海國歷史更受重視，作為本國史的一部分，已在歷史著作中固定下來。渤海國與統一後的新羅一起，被稱作朝鮮史上的「南北朝」，位於三國鼎立的立國時代之後。

　　在高句麗、百濟和新羅的三國鼎立時期，其版圖包括朝鮮半島和今中國東北一部；但是到新羅統一三國以後，新羅的版圖卻僅到大同江一線；即使是後來的高麗王朝和朝鮮王朝，其版圖也只到鴨綠江和圖門江一帶。所以相比之下，三國時期的朝鮮版圖是最大的，而版圖的縮小則始於統一後的新羅。

因此，儘管新羅統一三國的業績經常受到肯定，但是其「失去版圖」的責任卻也經常受到追究。在這樣的情況下，如果渤海國能夠被看作是一個與高句麗性質相似的國家，渤海國與新羅的並列能夠被看作是南北朝，渤海史能夠被看作是朝鮮史的一個組成部分，則包括今中國東北一部在內的「大朝鮮」版圖，自可從七世紀中葉更延續到十世紀初葉，頓然改變新羅退縮朝鮮半島中南部的窘迫景觀。

我們感覺到，在對於渤海國歷史的重視之觀點中，無疑蘊涵了上述這樣的心理因素。

因此，這也不僅僅是一個學術問題，大抵很難應用考據的方法去解決。在討論上述這樣的問題時，應考慮到其背後的民族意識作祟。我們覺得這個問題同樣傳達了一個隱喻，那就是通過歷史的重構來挑戰自己的地緣政治命運，並追求建立民族的自信心和自豪感。這也可以看作是其傳統智慧在學術中的又一表現。

中國與朝鮮半島的歷史關係

通過重構歷史來挑戰自己的地緣政治命運，並追求建立民族自信心和自豪感的智慧，也表現在其他一些歷史和文化觀點上面。

比如對於歷史上的朝鮮半島與大陸王朝的關係，現代的觀點是否認兩者之間曾存在過宗屬關係，而認為那只不過是一種以朝貢形式表現出來的官方貿易。因為在當時的朝貢關係之中，總是朝貢一方獻上許多禮物，而受朝貢一方則賜予很多回

贈，一來一往，一年幾度或幾年一度，頗類於一種官方貿易。高句麗與中國北朝各王朝，統一後之新羅與唐朝，高麗王朝與宋、遼、金各王朝，朝鮮王朝與明、清二王朝等的關係，現在一般均被作了如此解釋。

這種解釋當然有其合理的一面。因為古代交通往來不便，一年幾度或幾年一度的朝貢使當然不能做做官樣文章便了事，而是同時肩負著官方貿易、文化交流、互通信息等各種任務的。不過，即使兼負著如上所述的各種其他任務，但其作為朝貢使的基本性質和使命卻還是不變，其所象徵的兩國間的宗屬關係也還是不變。

然而，宗屬關係是一種古代國際秩序的理念，而現代國際秩序的理念已完全改變。在國際秩序的理念已改變了的現在，還要去承認一種早已過時的國際秩序理念，自然會在心理上引起種種不適的反應。把過去的宗屬關係解釋為現代式的官方貿易，這正是在國際秩序的理念已經改變之後，心理上產生不適反應之餘，所能找到的一個巧妙辦法：通過對歷史的重新說明，消除過去的陰影，並適應現代的形勢，重建民族的自信心和自豪感。

又如在朝鮮半島的歷史上，中國曾幾度介入其事務。如七世紀，唐朝與新羅一起消滅百濟和高句麗；十六世紀末葉壬辰戰爭時，明朝派兵協助朝鮮王朝抗倭；本世紀抗日戰爭時期，中國曾支援朝鮮的抗日獨立運動；等等。這在中國方面看來，也許事情比較簡單，不過表明「中朝友誼」而已；不過在若干朝鮮史家看來，事情卻又不那麼簡單，其中大抵蘊涵有中國的「私心」；唐朝應新羅之請，派兵夾攻百濟和高句麗，自然是為了染指朝鮮半島；明朝應朝鮮王朝之請，出兵協助朝鮮抗

倭，也主要是為了中國自身，而非為了朝鮮半島的安全；抗日戰爭期間中國支援朝鮮獨立運動，那也只是為了聯合和利用朝鮮的抗日力量，以爭取中國抗日戰爭的早日勝利，而不是為了替朝鮮半島爭取解放和獨立。即使是在雙方合作的過程中，起主要作用的也是朝方而非中方；唐朝和新羅聯軍的消滅百濟和高麗是如此，明朝和朝鮮軍隊夾攻豐臣秀吉、倭寇亦是如此。

以上這樣一些觀點的出現，同樣也有其複雜的歷史背景。歷史上，中國幾度介入朝鮮半島事務，幾乎每次總是以軍事或政治大國的姿態出現；尤其是唐朝與明朝那兩次的介入，更是以至少是名義上的宗主國身分介入的。這在當時自然是可以接受的，甚至似乎是理所當然的（比如有的現代朝鮮史家就認為，在朝鮮半島因豐臣秀吉的侵略而瀕於危機時，作為宗主國的明朝出兵加以聲援，這也是其對持「事大之禮」的朝鮮所應盡的義務）。❺

但也唯其因為這樣，所以事過境遷之後，尤其是價值觀本身改變以後，這類事情就反而容易引起不舒服之感，因為其中有小國不得不求助於大國的屈辱之感。所以，同樣需要通過對歷史的重構，來消除這種過去的陰影，以重建民族的自信心和自豪感。「感恩是一種負擔。」（**狄德羅《拉摩的侄兒》**）這不僅個人關係上是如此，即鄉國家關係上亦是如此。

「對於明朝出兵幫助反抗日本侵略（『壬辰倭亂』，指1592 年豐臣秀吉入侵），三百年中，朝鮮人，特別是李氏王朝，一直念念不忘，年年紀念，感謝明朝，直到清朝取代明朝

---

❺　姜在彥：《朝鮮的歷史與文化》，大阪書籍，一九八九年，大阪，第一九四～一九六頁。

之後好長一段時間還是如此。」❻這樣的負擔的確太沈重了，到了現代，自然就會被擺脫掉。

又如對於中國文化對朝鮮半島的影響，以及朝鮮半島曾置身於漢文化圈中等等，現代的若干朝鮮史家也不願多提，而是儘量強調本國文化的獨特方面，對中國文化的抵抗方面，對中國文化的影響方面，等等。比如強調高句麗文化對中國北朝的影響，新羅文化對唐朝的影響，朝鮮佛教對中國的影響，鐵器的使用與中國沒有關係，國語文學早在新羅和高麗時代便已壓倒了漢文學，等等。當然，所有這些觀點，幾乎都有若干根據，因而可以說都有一定道理；可是，與此相對的方面，也許在歷史上更為明確，也更為重要，但卻被忽略不提。在這種強調的側重中，同樣蘊涵著一種努力：要通過歷史的重構，淡化中國影響的痕跡，突出民族自主獨立的一面。

再如關於幾千年來中國與朝鮮半島的歷史關係，儘管他們在與中國人有關的場合，也常常說這是友好交流的關係史，但在其許多的歷史書和教科書中，卻更強調這是遭受中國不斷侵略的歷史。從漢武帝征服古朝鮮開始，到魏晉北朝隋唐對高句麗的戰爭，到唐朝和新羅聯軍滅亡百濟和高句麗，到唐朝與新羅的七年戰爭，到契丹對渤海國的征服，到契丹、女真和蒙古先後對高麗王朝的侵略和征服，到清朝對朝鮮王朝的侵略，等等。

在談到上述這些「來自中國的侵略」時，一般的傾向是並不考慮當時那些大陸王朝的民族性質，以及當時整個東亞國際形勢的複雜性。比如當契丹、女真、蒙古和滿清崛起於中國北

---

❻ 金大中：《金大中哲學與對話集──建設和平與民主》。

方時，包括中國漢族王朝在內的整個東亞其實都受到了衝擊，初不限於朝鮮半島為然，它們加入中華大家族都是後來的事。但是，對朝鮮半島來說，它們卻似乎和漢唐一樣，都是來自中國的侵略。只有在分別與中國人有關的場合，他們才似乎對此稍作區別。比如金大中在為其《哲學與對話集》中文版所寫的序言中便說：「七世紀隋唐侵略高句麗是兩國間的最後一次戰爭，此後再也沒有發生戰爭。」❼但是在此書的正文中，卻仍隨處提到中國「二千年的統治」與侵略。而像唐朝和新羅聯軍滅亡百濟和高句麗，新羅一方的行為被稱為「為了實現統一」，但唐朝一方的行為則被視為對百濟和高句麗的侵略。

以上這些大陸王朝與朝鮮半島之間的戰爭，當然都是無法否認的客觀存在的歷史事實；但如何對它們加以評論，又如何看待它們的比重，卻是一個帶有較強主觀色彩的問題。從上述朝鮮半島對這些戰爭的看法中，我們可以感受到某種對於中國的壓力感，以及對於來自中國之壓力的抵抗感。正是希望通過對雙方之間過去的戰爭之強調，激起一般人民的愛國精神與民族意識，並時刻不忘其處於中國周邊的特殊地緣政治因素，而永遠對來自中國的影響保持警惕，以確保其民族的自主性和獨特性。上述看法的精神實質，我們認為便在這裡。

---

❼　金大中：《金大中哲學與對話集——建設和平與民主》。

Chapter 11
其他：事例與啟示

　　在現代韓國的社會生活中，通過一些富有啟示意義的事例，我們也能了解到其傳統智慧的表現，這種表現也許是不引人注目的，不過其在精神實質上，卻與其在其他方面的表現一脈相通。

「五千年歷史」說

　　在朝鮮半島上經常可以聽到的，是關於其有「五千年歷史」的說法。
　　世界上有五千年歷史的國家或民族不多，即使是歷史悠久的中華民族，從尚未經考古證實的夏朝開始，迄今也只有四千多年的歷史。如果朝鮮民族真有五千年的歷史，那的確是一件足堪自豪的事情。
　　不過，問題是如何來理解「歷史」這個概念。現在我們一般所說的「歷史」，是指有文獻記載和文物證實的成文歷史，而此前的則大抵稱為「史前時期」，或者說是「傳說時期」。

正因如此，所以儘管早在夏朝以前，還有關於三皇五帝的傳說時期，但是中國歷史的開端卻仍應說是夏朝時期。

朝鮮歷史的開端，從成文歷史的角度來說，應該是從古朝鮮開始。關於古朝鮮的建國，有檀君和箕子等各種傳說，但都是不能證實的事情。現代一般史家的看法，認為在公元前五世紀左右，古朝鮮才形成一個國家。而現存關於古朝鮮的史料，又大都是公元前二世紀以後的。所以，如果把公元前五世紀左右古朝鮮的建國作為朝鮮歷史的開端，應該是比較科學合理的。這樣的話，朝鮮的歷史就應該是二千五百年左右了。

即使是二千五百年的歷史，在世界各國的歷史中，也可說是相當悠久的了，也足可引以自豪了。不過，朝鮮半島上流行的「五千年歷史」卻又把朝鮮歷史的長度增長了一倍。

「五千年歷史」說的形成大概與檀君神話有關。檀君的降生之年被設定為公元前 2333 年，這一年被稱為檀紀元年。根據檀君神話，還在箕子被封於朝鮮（公元前十二世紀）之前，檀君便已統治朝鮮一千多年了。這樣，從古朝鮮的歷史再往前推，加上傳說中的箕子朝鮮和檀君朝鮮，朝鮮歷史便被成倍地增長了。今年是檀紀 4327 年，故加上傳說時期的朝鮮歷史，本來亦應僅有四千三百多年；不過湊成整數而言，便成了「五千年歷史」了。

顯而易見，這裡的「五千年歷史」概念不是歷史學中的歷史概念，而是一般民間的歷史概念。即在有關朝鮮歷史的學術著作中，也只是把檀君神話當作是神話傳說，而並不把它當作歷史的一部分來看待。一般民間的歷史概念自然是容易包括傳說時代的。

為了提高民族的自尊心和自信心，而把自己民族的歷史加

以增長，這在世界許多民族中都是相當常見的現象。比如日本有明確記載的天皇紀年，應從六世紀的飛鳥時代開始；不過在日本民間沿用的「皇紀」，卻將天皇的紀年追溯到二千六百多年以前，也比其實際的使用歷史拉長了近一倍。又如中國民間的歷史概念，似乎也是從三皇五帝開始，比其實際的成文歷史也長久得多。朝鮮半島的「五千年歷史」說其實也是這樣。

　　不過，除此之外，從朝鮮半島的「五千年歷史」說中，我們還能看到若干與其地緣文化環境有關的因素，以及其挑戰自己的地緣文化命運的努力。因為根據檀君神話，檀君在中國堯帝五十年即位，則檀君與堯帝約略同時，朝鮮歷史便也比中國歷史晚不了多少了。因而從檀君神話中，以及從「五千年歷史」說中，可以體察到某種與具有悠久歷史的中國相抗衡的意識。因為中國歷史也不過四千多年，加上堯、舜以來的傳說時代，也不過五千來年；而將檀君與堯並列，將朝鮮歷史增長到五千年，則朝鮮半島就與中國大陸一樣，同樣具有悠久的歷史和文化，從而足以與中國相抗衡，有利於提高民族的自信心和自豪感。

　　與此同時，相對於只有一千多年歷史的日本（加上傳說時代也不過兩千多年）來說，「五千年歷史」說又勢必會提供一種歷史優越感，足以使他們在歷史和文化上傲視日本，從而同樣提高民族的自信心和自豪感。

　　因此，我們覺得，在「五千年歷史」說中，亦蘊涵有朝鮮民族挑戰自己的地緣文化命運的智慧。只有這樣來理解「五千年歷史」說，才能夠理解其背後所蘊涵的意義，而不僅僅視之為一種純粹的誇張之詞。

國旗與國花

　　韓國的國旗叫「太極旗」，這是由朝鮮近代開化派中心人物之一的朴泳孝按照《太極圖說》和《周易》的東洋哲學，於1882 年創制的。翌年被公布為國旗。1948 年韓國成立以後，被定為正式的國旗。

　　韓國國旗的顏色非常鮮艷，構圖也較為複雜。中間的圓取自陰陽太極圖，紅的部分象徵陽，藍的部分象徵陰；表示陰陽生成萬物宇宙。四角取自易學的卦，左上角是天，右下角是地，左下角是火（日），右上角是水（月）；各代表對立統一的概念。

　　大部分國家的國旗，其象徵意義大抵是政治性、宗教性，或意識形態性的，而韓國的國旗，其象徵意義卻是哲學性的，而且是古老的易學性的。這一點頗讓人覺得意味深長。

　　易學的基本原理便是陰與陽起伏消長，永不停息地對立與轉化，由此生成萬物宇宙，並且永遠生生不息。這是一種古老而長新的智慧。

　　朝鮮半島挑戰自己的地緣文化命運的智慧中，也同樣包含了這種易學方面的智慧：以柔克剛，剛柔相濟；以弱勝強，強弱相成；屈服以保全自己，忍耐以等待恢復；不斷吸收外來文化，同時又努力保全民族特性；等等。可以說，朝鮮半島的「半島智慧」，即在這面國旗上也有所表現。

　　韓國的國花雖說並沒有正式規定，但一般認為是「無窮花」，中文裡叫「木槿」。韓國的《愛國歌》裡唱道：「無窮花，三千里，華麗江山。」《我們的國花》裡也唱道：「無窮花，無窮花，我們的國花。」國會的會徽中有無窮花，賓館的

星級用無窮花表示，列車的一種稱為「無窮花號」（我曾坐過「無窮花號」列車，從江原道的東海到慶南道的蔚山，中間穿過雄峻的太白山脈）。

在韓國的各種常見花卉中，無窮花談不上特別美麗，毋寧說是相當樸素的。韓國常見的美麗花卉，春天有金達萊（杜鵑花）、櫻花、連翹花、白玉蘭，春末夏初有薔薇花，秋天有大波斯菊。它們常常大片大片地開放，吸引著人們讚賞的視線。其中我個人最喜歡的是大波斯菊，它們輕倩秀麗而又隨處開放，以搖曳的風姿點綴著韓國美麗的秋天。而相比之下，無窮花看上去卻相當普通。

但是韓國人卻把無窮花看作是國花，據說是因為它開了謝，謝了開，可以持續很久，象徵了韓國人不屈不撓的生命力。從這一點上來說，無窮花就像日本的櫻花、中國的牡丹或梅花一樣，已經超越了單純的花卉概念，獲得某種象徵性。

梅花的迎寒怒放，被中國人用來象徵人格的堅韌不拔；櫻花的倏開倏落，被日本人用來象徵人生的美麗無常。相比之下，無窮花的象徵意義，與中國的梅花比較接近，而與日本櫻花相去較遠。這無疑是因為中國與朝鮮半島都有著長期內亂外患的歷史，因此比較重視堅韌不拔的品格或不屈不撓的精神；而在日本的歷史上，卻幾乎沒有遭受過外來侵略，而且內亂也沒有那麼嚴重，所以可以優閑地品味美麗無常的人生。

無窮花那意味深長的名字本身，還有它被韓國人看作是國花，並被賦予不屈不撓的象徵性，這都是其民族智慧的表現，正如其國旗圖案的象徵意義一樣。因為這表明了他們對自己的歷史和處境的認識，對自己的地緣政治和文化命運的挑戰。

虎圖騰與虎形地圖

中國的象徵動物是「龍」——這是一種虛構的想像動物，據說是以長江中的揚子鰐為原型的。朝鮮半島的象徵動物則有兩種，一種是熊，一種是虎。牠們都是真實的動物，不過由於成了圖騰，因而也就具有了象徵性。據說以熊和虎為圖騰的，是古代的濊貊族——他們也是朝鮮人的祖先。

在古朝鮮的創世神話檀君神話中，熊和虎就已經登場。其中說：天神之子桓雄下凡，一熊一虎要桓雄把牠們變為人。熊遵守了桓雄規定的禁忌，結果如願變成一個女人，後來與桓雄結婚而生下檀君，成為朝鮮民族的始祖；但是虎不能尊守桓雄規定的禁忌，結果不能變成人。看來，熊是一個成功者，而虎則是一個失敗者。

不過，在民間的信仰和傳說中，虎作為山神的化身、眷屬或坐騎，卻占有相當重要的地位；而熊雖然是檀君的母親，但在神話以外的民俗傳承中，卻並不經常出現。看來，作為象徵動物，虎並不比熊遜色。

雖然虎原來只是一種圖騰，但是在其後來的發展中，卻似乎漸漸增添了新的象徵意義。中國的象徵動物是龍，朝鮮半島的象徵動物是虎，這很容易讓人聯想起「龍虎鬥」之說。因而在後來的虎的象徵意義中，大概也隱約包含了一種與龍相抗衡的意識。

有一件事也許可以證實我們的推測。在韓國出版的朝鮮半島地圖中，有一種把朝鮮半島畫成猛虎的模樣：最東北是一隻虎爪，長白山一帶是虎口，東海岸是虎背，西海岸是虎腹，濟州島是虎尾。整個朝鮮半島 是一隻猛虎張牙舞爪地對著中國

東北。在某一介紹韓國風光的錄影帶裡，結束時也出現了這樣一幅虎形地圖。

作為一個中國人，初次看到這樣的地圖，其吃驚是不言而喻的。在與中國人打交道時，這兒的人總喜歡說，朝鮮半島的主要威脅來自日本；但從這種虎形地圖也可看出，在他們的意識深處，他們認為他們的主要威脅也來自中國，這個幾乎唯一和它接壤的「強鄰」。

不過，儘管這隻猛虎被畫得張牙舞爪，好像要一口吞下中國東北的模樣，可是如果聯繫朝鮮半島的歷史來考慮，則其所象徵的與其說是進攻性意義，毋寧說是防守性意義。因為在朝鮮半島的歷史上，每當中國大陸發生內亂外患之際，朝鮮半島總是不免受到波及，很難像日本那樣超然於局外。因此，在他們的意識深處便形成了對中國大陸的戒備心理。這種張牙舞爪的虎形地圖，大概正是這種戒備心理的反映吧！

因此，即使從這種虎形地圖中，我們也能又一次看出他們對於自己的地緣政治命運的認識，以及挑戰其地緣政治命運的決心，還有那強烈的民族自主意識。

東海、西海與南海

「自我中心主義」幾乎是從個人到國家的普遍特點。我們中國的國名也是這方面的例子之一：「中國」也者，天下之中心國度也。這樣的國名曾經引起其他一些國家的不滿——尤其是在東亞漢文化圈中。比如 607 年，日本致隋朝的國書稱「日出處天子，致書日沒處天子」，便公然向中國中心論挑戰，引

起隋煬帝的不悅，但猶不得不佩服其「意氣高遠」。在這個地球上，除了中國以外，大概還沒有哪一個國家敢把自己逕稱為世界中心之國。

以自己為世界的中心，當然會根據自己的位置來命名周圍的海洋了。中國過去的世界概念中，認為中國是世界的中心，周圍是沒有文化的「四夷」，四夷以外便是東西南北「四海」。其實，中國地處亞洲大陸東部，只有東面和南面為海洋所圍繞，所以所謂「北海」或「西海」，大抵只是想像性的海洋罷了。不過，在圍繞中國東面和南面的海洋中，現在至少還有兩個確實是以中國為中心而命名，一個是「東中國海」，簡稱「東海」，一個是「南中國海」，簡稱「南海」。

東中國海的東面還有日本；南中國海的南面還有馬來西亞，東面還有菲律賓，西面還有越南。對於這些國家來說，把這些位於它們的西面、北面或東面的海稱為東中國海或南中國海，也許會有相當奇異的感覺吧？這自然會使它們聯想到中國中心主義。這樣的中國中心主義，也許在中國歷史上的強盛時代，曾為中國的周邊國家所被迫接受。但是在它們的內心深處，也許免不得抱有相當的不滿吧？

不過，令我們覺得有意思的是，這其實並不僅是中國所獨有的現象。翻開韓國所出版的地圖便會發現，朝鮮半島周圍的海洋也是以朝鮮半島為中心而加以命名的。比如現在一般叫「日本海」的那個海洋，由於位於朝鮮半島的東面，因此在這兒被叫做「東海」。現在一般叫做「黃海」的那個海洋，由於位於朝鮮半島的西面，所以在這兒被叫做「西海」（有時也仍被叫做「黃海」）。而朝鮮海峽至濟州島那一帶的海洋，由於位於朝鮮半島的南面，所以在這兒被叫做「南海」。

以朝鮮半島為中心來看，則「東海」、「西海」和「南海」的叫法都是相當符合實際的。從這種關於周圍海洋的命名裡，我們同樣可看到自我中心意識。這和中國的中國中心主義，以及其他國家的自我中心主義，其實都沒有什麼根本的區別，只不過是本位主義。

不過，從朝鮮半島周圍的國家來看，則其「東海」、「西海」和「南海」的叫法也不會不引起奇異的感覺。因為「東海」在日本的西面，「西海」在中國的東面，「南海」在日本九州的北面。對這些國家來說，這些叫法大概是很難接受，有點不倫不類的感覺吧？

所以，有時候也不得不使用變通的辦法。比如在與中國有關的場合，「西海」也常常仍被叫做「黃海」。因為黃海本來就是一個中性叫法，沒有地區中心主義的色彩，所以比較容易為雙方所接受。而且朝鮮半島的行政單位中，本來就還有「黃海道」的名稱。「南海」既然只是朝鮮海峽的另一種說法，則在對外的場合叫不叫「南海」，其實也就沒有什麼多大的關係了，因為海峽本身已用朝鮮來命名了。

絕不變通的恐怕只有「東海」的叫法。「東海」在日本正西面，所以日本恐怕不會接受這個叫法。但是日本及世界上現在通行的「日本海」叫法又是朝鮮半島所完全不能接受的。因為這個海洋明明位於朝鮮半島與日本之間，那麼為什麼朝鮮半島的人要叫它「日本海」呢？「日本海」這一叫法命名的當初，大概也是日本自我中心主義的產物，即把自己背後的這個海洋看作是自己的內海一般。後來由於日本在近現代強盛，因而又受到國際上的普遍承認。不過，這卻是朝鮮半島所完全不能接受的，所以朝鮮半島方面一直在努力，爭取國際上對於其

「東海」叫法的承認。不過，由於「東海」的叫法和「日本海」也差不多，同樣充滿地域中心主義色彩，而且為日本所絕對不能接受，所以一時半會可能還不能得到什麼結果。雙方的自我中心主義在這兒碰了頭，看來妥協和折衷是唯一的辦法和出路。

然而，一樣是以自我中心主義來命名自己周圍的海洋，中國和日本的叫法能夠得到國際上的承認，朝鮮半島的叫法卻一個也得不到承認，這其實仍然可以說是一種小國的悲哀，是國際政治中實力原則運作的結果。這自然不能讓朝鮮人民服氣，從而也被他們視作是其地緣政治命運的表現之一。而從他們堅持以自己為中心來稱呼周邊的海洋，並且為了「東海」與「日本海」的問題而爭論不休的行為中，我們又可體會到他們挑戰自己的地緣政治命運的決心，以及挑戰因遭到挫折而愈發頑強的不折不撓之精神。

李舜臣將軍

韓國人很注重宣傳歷史上的民族英雄，以發揚民族自主意識和愛國主義精神。在全國各地的很多地方，都塑有民族英雄的塑像。

其中塑像最多的大概要數李舜臣將軍和朝鮮世宗。他們的塑像幾乎矗立在每所小學裡，以便孩子們從小就知道他們。李舜臣將軍是軍事上的民族英雄，他在十六世紀末的壬辰戰爭中打敗了日本的海軍艦隊，為拯救朝鮮立下了汗馬功勞。朝鮮世宗是朝鮮王朝第四代國王，十五世紀上半葉在立期間，主持創

制了朝鮮文字，還做了許多有利於民族文化的工作，被譽為最具民族自主精神的國王，同時亦被視為文化上的民族英雄。

不過，在學校之外，最常色入眼帘的還是李舜臣將軍的塑像，幾乎可說到了無處不在的地步。在鎮海這個韓國最大的軍港，海灣裡的一個半島上建有李舜臣真人大小的銅像。據說他當年在這裡隱蔽了他的全部戰艦，並憑之打敗了日本人的艦隊。離鎮海不遠的忠武是以李舜臣的諡號命名的（1643 年，李舜臣便長眠在忠烈祠中。在郊外南望山公園的小丘上亦矗立著李舜臣的銅像，俯瞰著小島點綴的南海。離忠武不遠的閑山島是李舜臣當年的指揮部所在地。在閑山島附近的海面上，他取得了一生中最輝煌的勝利。在釜山市中心的龍頭山公園裡，也建有李舜臣的巨大塑像，威嚴地注視著繁忙船泊進出的釜山港。

漢城市中心的世宗大道入口，背負著朝鮮王宮的正門光華門，在車流滾滾的大街中間也矗立著李舜臣的巨大塑像，似乎在保衛著朝鮮王宮。在溫陽溫泉附近，建有韓國最宏偉的祭祀場所，那就是紀念李舜臣的顯忠祠。

朝鮮歷史上曾兩度遭到日本的入侵：第一次就是壬辰戰爭那一次，第二次則是本世紀上半葉的日本殖民統治。因此，對於來自日本的威脅，朝鮮人民是始終心存警惕的。在李舜臣的英雄形象裡，便顯然寄托著朝鮮人民的心願，即渴望不再受到日本的侵略，渴望永遠擺脫日本的威脅，渴望永遠保持自己的和平與獨立。因此，李舜臣已不單只是一個民族英雄，同時也已經成了朝鮮民族自主精神的象徵，成了他們挑戰自己的地緣政治命運的象徵。

在十六世紀末的那場壬辰戰爭中，明朝也曾出動大軍支援

朝鮮。在壬辰戰爭後的數百年間，朝鮮王朝每年都要舉行儀式，以紀念明軍的入朝參戰。對壬辰戰爭中朝鮮方面的勝利，明朝亦曾表示了祝賀，在顯忠祠裡陳列著八件文物，是當時為了紀念李舜臣取得海戰勝利，明朝皇帝贈給這位將軍的禮物。這顯示了在當時的戰爭中，中國與朝鮮雙方的密切關係。

不過，現在這一切都已退居為背景性的存在，李舜臣才是這場戰爭唯一的真正英雄。在朝鮮半島的各種歷史教科書裡，明朝援軍的作用都已被盡量淡化。因此李舜臣之作為民族英雄而受到舉國上下的尊崇，其中實際上不僅蘊涵著對於日本威脅的抵抗心理，而且也蘊涵著對於中國影響的擺脫願望。這同樣是其挑戰自己的地緣政治命運的重要一步。上述隱祕的願望潛藏在每一座李舜臣塑像的背後。

在日本的京都，有許多有名的神社。其中一個「豐國神社」是祭祀豐臣秀吉的。這個朝鮮人民心目中的侵朝元凶，在神社裡卻被作為神明般的人物享受祭祀。顯而易見，對於國家和民族之間的紛爭，各個國家和民族的感覺不會相同。李舜臣和豐臣秀吉，其實不僅僅是戰場上的一對對手，而且也分別是各自民族的象徵。京都祭祀豐臣秀吉的神社，與韓國無處不在的李舜臣塑像，讓人實實在在地感受到兩國之間的宿命性關係，以及他們之間那糾纏不清的恩恩怨怨。

人口意識

進入近現代以來，中國大陸飽受人口問題的困擾。即使現在實行了計劃生育政策，但人口數量還是越來越龐大。由於人

口壓力已越來越沉重，所以人們都希望人口增長得慢一些，每次統計出來的人口數字都不要太多。

　　飽受人口問題困擾的不只是中國，世界上大多數第三世界國家也大都存在著這個問題。即使是一些國土小的工業國家，其實也面臨著人口密度過高的問題。

　　韓國的面積不到十萬平方公里，但是人口已達四千五百萬左右。據說其人口密度是世界上最高者之一。韓國本來平地面積比重很小，人口增加很多以後，便自然會有擁擠之感。針對這一問題，據說雖然沒有明確規定，但習慣上也有鼓勵只生兩個的傾向，跟台灣的人口方針差不多。在某些熱鬧的公共場所，有一些電子顯示裝置報導著韓國每時每刻的人口數字。那不斷挑動的人口數字，似乎也在提醒人們注意人口問題。

　　不過，這只是韓國人人口意識的一個側面。韓國人人口意識的另一個側面，說來也許其他地方的人不容易相信，是希望「人口越多越好」的意識。

　　韓國人之所以會有這種人口意識，與他們對於自己的地緣政治命運的認識密不可分。本來朝鮮半島的總人口，加在一起有六千五百萬左右，超過英、法、義大利而接近德國，在世界各國中已不能算少了；但是由於朝鮮半島的兩個鄰國都是世界上的人口大國：日本的人口有一‧二億左右，是朝鮮半島總人口的近一倍左右，中國的人口更是多達近十三億，是世界上人口最多的國家，所以韓國人仍覺得自己人口太少，不足以應付來自中國和日本的「人口壓力」。在反映韓國人的這種人口意識方面，金大中的下述這段話頗具代表性——

　　　朝鮮夾在兩個大國——中國和日本——之間，即使

六千萬朝鮮人（南北雙方都計算在內）結合成一個政治實體，它的生存仍有可能受到威脅。❶

因此，一邊是意識到人口增長的壓力，希望對人口的增長加以控制；一邊卻是意識到鄰國人口增長的壓力，希望自己的人口也能夠越來越多。這兩種看似矛盾的心理，共同蘊涵在韓國人的人口意識之中。所以那些熱鬧的公共場所的人口顯示裝置，似乎同時具有雙重的提示作用：一是提醒人們注意人口增長的壓力，一是告訴人們人口增長的喜訊。

正因此故，和那些飽受人口問題困擾的國家總希望人口數字顯得少一些相反，韓國人大都希望人口數字顯得多一些。希望人口數字顯得少一些的國家總喜歡把尾數扔掉些，而希望人口數字顯得多一些的韓國人則大抵喜歡把尾數湊成整數。於是朝鮮半島六千五百萬左右的人口，在很多韓國人口裡，都會被說成是「七千萬人口」。

除了朝鮮半島以外，有朝鮮族移民居住的地區，主要有中國、日本和美國，其人口分別是一百八十萬、六十萬和一百萬左右。倘加上其他地區的朝鮮族移民，則其總數大約會達到四百萬左右。儘管其中大部分移民早已加入當地國籍，成了該國人，但習慣上他們仍然被看成是「僑胞」。如果加上這四百多萬朝鮮族移民，則也許的確可以湊成「七千萬人口」。不過這樣計算的時候，又可聽到「全世界有八千萬朝鮮族人」這樣誇張的說法了。

---

❶　金大中：《金大中哲學與對話集——建設和平與民主》。其中人口數字為一九八三年當時的數字。

總而言之，在韓國人的人口意識裡面，具有某種來源於鄰國人口壓力的憂患意識。由於一直受到地緣政治環境的壓力，所以他們迫切希望壯大自己的民族，而方法之一便是增加人口數量。上述那種對於人口數字的誇張性說法，便也可以看作是這種心理的表現之一。

　　一個民族的生存強度，和其人口數量的確關係相當密切。在朝鮮歷史上的大部分時期，其人口大抵在幾百萬上下徘徊，這也未必不是它易受外來侵略的一個潛因。現在的韓國人關於人口問題的憂患意識，便似乎也與這樣的歷史密切相關。所以從他們的人口意識裡，也同樣能看到那種強烈的民族意識，以及挑戰自己的地緣政治命運的意志。

「恨」的哲學

　　世界上大多數民族大都標榜自己信奉「愛」的哲學，大概只有朝鮮民族宣稱自己信奉「恨」的哲學。

　　不過，這個「恨」不是仇恨的恨，而是怨恨的恨。其意思是說，對於自己所受過的不公平待遇，對於自己所受過的不幸命運，只要一天不能得到真正的報雪，只要一天不能得到真心的道歉，便將永遠心懷怨恨而糾纏不解。

　　比如對本世紀的日本殖民統治，對四百多年前的壬辰戰爭，對兩千多年間來自大陸王朝的各種侵略，總是一而再、再而三地提起。一部朝鮮半島的歷史常被寫成是受到中國和日本侵略的歷史，以及充滿這類苦難和不幸的歷史。這種對中國和日本永不停息的怨恨，通過教育，一代又一代傳了下來，並且

大概還要一代又一代傳下去。

形成這種「恨」的哲學之原因，大抵是因為在朝鮮半島的歷史上，常常因文弱而遭到外來的侵略，卻很少因強盛而去侵略他人。十三世紀末的協助蒙古進攻日本，十四世紀中協助元朝征伐中國農民起義，十四世紀末、十五世紀初兩次征戰對馬島，以及廿世紀六〇年代韓國協助美國出兵越南，大概是其歷史上僅有的幾次外向進攻，但大抵都是在強盛「盟友」的壓力下之行為。

在歷史上的絕大部分時期，朝鮮半島都未強成到足以進攻他人的程度；與此同時，其農耕文化以及其所受到的中國思想的影響，也促使它一向對遊牧民族或海洋民族採取守勢。這樣的歷史一直積累下來，怨恨一直得不到發散，便自然而形成「恨」的哲學。

反觀中國和日本的歷史，情形便不是這樣。中國歷史上雖然亦同樣經常遭到外來侵略，有過積弱不振的歷史時期，但同樣也有過強盛擴張的時期，那時候也常常去征服他人；日本歷史上基本上沒有遭過外來侵略，而且在強盛時也多次侵略過別人。因此之故，中國和日本都不會有積聚不散的怨恨，因而也不會形成類似的「恨」的哲學。

從本質上來說，「恨」的哲學是一種弱者的哲學，是一種內聚性的哲學。持有這種哲學的個人或民族會通過把怨恨積聚起來，求得一種抵抗強者的勇氣，一種保持自我的力量。因此也許也可以說，朝鮮民族正是通過信奉「恨」的哲學，來挑戰其地緣政治命運，以對付周圍強國的壓力。

金大中曾經分析過「恨」的哲學的這種意義——

照我看來，朝鮮文化已經成為一種「恨」的文化。我國的人民是憂患和苦難的人民……「恨」是人民群眾遭受了挫折後的希望，「恨」是正在待機實現人民遭受過挫折的夢想。誠然，在整個歷史過程中，我們一直生活在「恨」之中。但是，或許正因為我們心懷家國之「恨」，反而一貫能夠安慰與激勵自己，因而一直能夠為了未來而生活。我們的人民就像田間的野草，在被踐踏之後又恢復生機，受強風襲擊而不折不撓。我們確實是一個堅韌不拔的民族；我們具有無與倫比的韌性。

　　朝鮮人兩千年來一直沒有放棄自己的文化特徵，他們內心裡絕不向邪惡的勢力屈服，最重要的是他們不放棄希望。對根本無法抗拒的命運，他們暫時退讓，但他們始終懷著希望並等待著，在等待期間又不放過東山再起的機會。他們忍受著巨大的困難，千方百計地堅持下去。這就是「恨」的本質。[2]

　　他還舉例說明：正是倚靠了「恨」的哲學，朝鮮民族才能在中國和日本的強大影響之下，始終保持自己民族的語言、文化和人種特點。因此可以說，「恨」的哲學正是一種抵抗的哲學，一種挑戰地緣政治命運的哲學。

　　「恨」的哲學的消解，也許有賴於地緣政治命運的改善，以及在國際舞台上得到更大的成功。現在韓國的經濟成就已經舉世矚目，如果朝鮮半島能夠和平統一，全體朝鮮人民齊心協力，使朝鮮半島更為繁榮昌盛，成為世界上的先進地區之一，

---

[2]　金大中：《金大中哲學與對話集——建設和平與民主》。

且東亞形勢亦能維持穩定與和平，則相信其時「恨」的哲學也
會逐漸消解，而讓位於一種更為自信的開放心態。

Chapter 12
結語：朝鮮半島與中國

在決定朝鮮半島的地緣政治和文化命運的諸因素中，中國實占有一個最主要的比重和地位，尤其是在直到十九世紀下半葉為止的整個古代史上；朝鮮半島挑戰其地緣政治和文化命運的智慧，其實也大抵或多或少直接與中國有關。因此，在行將結束本書時，我們特轉換一下視角，從以上兩個角度，看看朝鮮半島與中國的關係，以加深我們對於朝鮮半島的智慧之認識，也加深我們對於中國本身國際角色的認識。

傳統的東亞國際秩序及其崩潰

古代的世界觀與現代幾乎完全不同。對於古歐洲人來說，地中海周圍便是「世界」；對古亞洲人來說，亞洲大陸便是「世界」。由於地理及交通條件的限制，這兩個「世界」之間很少交流，基本上是各自獨立發展起來的。至於美洲的「新世界」，那是哥倫布「發現」新大陸以後，在最近幾百年內發展起來的。澳洲「世界」的發展則更是最近兩百多年來的事。因

此，古代人所認識的「世界」，大抵只有東、西兩個「世界」。而在每一個「世界」的人們心目中，大抵也只知道有自己這個世界，而對另一個「世界」的情況所知甚少。尤其是對亞洲人來說，情況就更是如此了。

正如有的學者所指出的，中國人之認識到「亞洲」這一地區概念，是遲至十九世紀中葉才開始的；中國人認識到自己也是亞洲的一員，與亞洲其他各國互有連帶關係，甚至彼此同屬於一個命運共同體，更是遲至十九、二十世紀之後的事情。❶換言之，也就是說，直到十九世紀中葉以前，中國人還一直沒有「亞洲」的概念，也沒有自己只是亞洲之一員的概念，自然也沒有自己只是「世界」之一員的概念。

那麼，直到十九世紀中葉以前，中國人關於「世界」的觀念是怎麼樣的呢？一言以蔽之，在古代中國人的心目中，中國就是「世界」；或者用中國式的話來說，中國就是「天下」；至少是世界的中心，或者「天下」的中心。

當然，在古代中國人的「天下」觀念中，也不是沒有「外國」存在的。比如明太祖朱元璋便曾說過：「自古天下，有中國，有外國。」（《高麗史》卷四十三世家卷第四十四恭愍王六），但是，過去所謂的「外國」的概念，並不像今天這樣，意指與中國一樣的其他國家，而是指散布在中國周邊，比中國次一級的附屬性地區。

古代中國人的「天下」觀念並不是像今天這樣「平面式」的——世界上有一、兩百個國家，中國只是它們中的一員；而

---

❶ 周佳榮：《近代中國人的亞洲觀》，載鄭宇碩編：《中國與亞洲》，香港商務印書館，一九九〇年，第二二一～二二二頁。

是「同心圓式」的——中國就是世界的中心，而且是最高的存在，周邊散布著眾多「外國」，落後並附屬於中國，再外邊則是「四海」，那是世界的極限和盡頭。

這樣一種世界觀的形成，有其地理、政治和文化的原因。中華民族的祖先大約從五十萬年前即已生活在現中國境內。大約生活於四、五萬年前的北京山頂洞人，已進化到與現代人相近的程度。三千多年以前，即已開始使用文字。二千多年以前，就已建立了強大的帝國。而其時中國周邊的民族和地區，相比之下則要弱小和落後得多，而且它們的地理位置也大都處於東亞大陸的邊緣。因此，中國自然而然形成了其獨特的「天下」觀念。直到西洋文明全面東漸亞洲時為止，這種情況基本上沒有什麼變化。

「這樣就形成了天下統於一尊的世界國家觀念，並且長期固定下來。加上以文化程度高低作為衡量準繩的華夷思想，中國中心的『天朝』觀念便更鞏固了。在西方學者看來，『在這兩千年中間，中國是一個獨特、和諧的政治文化實體，同相鄰各國人民和各種文化相互發生作用。它本身就是一個世界……這是一個完整的國際體系。』」❷

在這個以中國為中心的「世界」中，確立了相應的關於國際秩序的理念，那就是中國位於「世界」的中心，中國周邊的小國必須向中國朝貢，表示臣服，而中國則視這些小國為藩屬，予以安撫。這被稱為以中國為中心的東亞「冊封體制」。

在古代的亞洲，國家的存在是否受到中國的承認，其重要

---

❷　周佳榮：《近代中國人的亞洲觀》，載鄭宇碩編：《中國與亞洲》，香港商務印書館，一九九〇年，第二二一～二三九頁。

性是今日的我們所難以想像的……為了與中國交流，至少至1840～1842 年鴉片戰爭以後，1842 年與英國簽訂南京條約為止，各國的國王對中國都只能持臣禮。中國人的想法是，天下只有一個天子——皇帝，即中國皇帝，周邊國家的支配者只有從中國皇帝那兒被受予金印和誥命（任命國王的勒書），被封為國王以後，才獲允與中國進行外交、貿易和文化交流。這是以中國為中心的東亞『冊封體制』。❸

這種傳統的東亞國際秩序理念，顯而易見，不同於西方或現代的國際秩序理念，乃是傳統的中國思想、尤其是儒家禮教思想的產物。既然在一國之內，人民必須分為各種等級，並按照各自的等級事上馭下，則國與國之間亦自應按照國家大小和力量強弱來確定其事上馭下的秩序。中國是當時東亞的最大最強之國，自然要求確定以其為中心和頂點的國際秩序。

中國的封建王朝和統治民族雖然經常更換，但是這種關於國際秩序的理念卻一直受到尊重。而對於中國周邊的弱小國家來說，由於它們大都曾處於漢文化圈中，受到過漢文化、包括儒家思想的影響，接受了漢文化的價值觀念，因而也容易接受中國式的關於國際秩序的理念，並為了自身的生存與發展而巧妙地利用它。因此，一直到上個世紀下半葉為止，傳統的東亞國際秩序雖然也經常受到挑戰，但大抵也受到中國周邊國家的尊重。

但是，進入上個世紀下半葉以後，隨著西洋文明的東漸，上述這種傳統的東亞國家秩序，從外部受到強有力的挑戰，最

---

❸　姜在彥：《朝鮮的歷史與文化》，大阪書籍，一九八九年，大阪，第五十九頁，第一九四～一九六頁。

終完全「禮崩樂壞」，讓位於西方式的國際秩序。一部中國和東亞的近代史，也就是一部由於西方列強的光臨而改變傳統東亞國際秩序的歷史。中國失去了其作為「天下」中心的地位，其藩屬也相繼為東西各列強侵併而消失殆盡。

「日本於 1876 年以重兵脅迫朝鮮簽訂《江華條約》，自此逐步加強對朝鮮的控制；又於 1879 年派兵至琉球，廢其藩王，改為沖繩縣。1884～1885 年中法越南戰爭後，中國承認越南為法國所有。接著，在翌年簽訂的《中緬條約》中，承認英國對緬甸的主權。1895 年，中日兩國締結《馬關條約》，朝鮮正式脫離中國藩屬的地位，且於 1910 年為日本所兼併。1896 年，英法條約正式成立，聲明暹邏為獨立國家，斷絕其與中國的藩屬關係。而西藏和印度交界的三個小國，尼泊爾和錫金先後於 1885 年和 1890 年成為英國的保護國；1911 年辛亥革命爆發，英國趁中國無暇外顧，完全控制了不丹。換言之，中國與鄰近亞洲國家的宗藩關係，在中國最後一個王朝——清朝覆亡的時候，已經完全結束了。」❹

中國從「天下」的中心，下降為「天下」的一員，下降為亞洲的一員（因而形成了「亞洲」觀念）；中國周邊的各弱小國家也在擺脫了東西列強的殖民統治以後，先後成了與中國平等的亞洲成員和世界成員。國際關係中的強權原則當然將始終存在，但是傳統的東亞國際秩序卻永遠結束了，讓位於以「平等」相標榜的現代式國際秩序。在這種新的國際秩序裡，中國並不是「老大」，而中國的周邊各國也不再是「藩屬」。古代

---

❹ 周佳榮：《近代中國人的亞洲觀》，載鄭宇碩編：《中國與亞洲》，香港商務印書館，一九九○年，第二二八頁。

的世界觀被現代的世界觀取而代之。

東亞國際秩序的變動與朝鮮半島

傳統的東亞國際秩序，以及其在近代的崩潰，新的東亞國際秩序的建立，等等，這一切對於朝鮮半島的命運，以及對於其智慧的發展，都具有極為重要的意義。

在傳統的東亞國際秩序中，既然位於中國周邊的弱小國家都必須對中國持臣禮，則朝鮮半島又豈能例外？縱觀朝鮮半島兩千多年的歷史，其中只除了高句麗的部分時期曾經對大陸王朝持強硬抵抗立場外，其餘的絕大部分歷史時期，朝鮮半島都不得不對大陸王朝持「事大之禮」，以此來保全自己的安全和獨立，並在傳統的東亞國際秩序中獲得一席之地。即使其與大陸王朝之間發生糾紛或戰爭，如遼、金、元、清的幾度入侵，那也大抵是為了維護自己的獨立，抵制大陸王朝過分的野心，而於持「事大之禮」上並無異議。

1232 年，高麗高宗答蒙古沙打官人書便說得很明白：「敝邑本海外之小邦也，自歷世以來，必行事大之禮，然後能保有其國家。」（《高麗史》卷二十三世家卷第二十三高宗二）

有的現代朝鮮史家對此也有清楚的認識：「這從朝鮮方面來看，亦即是國王對中國皇帝持〈事大之禮〉，也就是所謂的『以小事大』。否定這種事大主義的人很多，但對於與中國有長長的國境接壤的朝鮮而言，只有通過對大國持小國主義，才

能使兩國之間的關係保持和諧。」❺「和中國相鄰接的朝鮮，與日本不同，很難不受到中國政治的影響。高句麗和新羅曾以軍事力和中國的半島經略政策相對抗，但從高麗時代以後，大抵採取與中國保持善鄰友好關係，以此努力保全領土的傳統政策。特別是李朝以降的朝鮮，對歷代中國王朝始終取朝貢和奉正朔（年號的使用）等的『事大之禮』。」❻傳統的東亞國際秩序，可以說在相當程度上決定了朝鮮半島在過去的地緣政治和文化命運。

對於對大陸王朝持「事大之禮」，古代的朝鮮半島與現代的朝鮮半島，其感覺絕對不會一樣。如上所述，既然傳統的東亞國際秩序理念是以中國的儒家思想為其基礎，則一向接受中國儒家思想影響的朝鮮半島自然也容易接受傳統的東亞國際秩序理念。在直到上個世紀末葉為止的朝鮮史書中，「事大之禮」一直是一個具有正面價值的說法。

十三世紀下半葉，蒙古征服高麗王朝，給予其屬國的地位，並舉行了冊封儀式。當時的著名文人崔承志有《奉賀聖上受大朝冊命初襲王封》詩相賀——

> 漢皇東注意偏深，美我君王事大心。八道詔書天下降，九霄星騎日邊臨。雲蒸紫殿浮佳瑞，雷動彤庭布德

---

❺ 姜在彥：《朝鮮的歷史與文化》，大阪書籍，一九八九年，大阪，第五十九頁，第一九四～一九六頁。

❻ 姜在彥：《朝鮮的歷史與文化》，大阪書籍，一九八九年，大阪，第五十九頁，第一九四～一九六頁。

音。多幸微臣在朝列，不勝歡慶貢巴吟。

（《三韓詩龜鑑》卷中）

　　這樣的詩在現代的朝鮮半島無疑會受到批評，但是在古代的朝鮮半島卻是常見的和典型的。其中道破了高麗國王面對中國的「事大」心理，並將之作為正面的行為加以肯定。

　　但是，朝鮮半島對大陸王朝持「事大之禮」，正如本書中所隨處指出的那樣，並不純粹是一種消極的退讓行為，而且也是一種積極的進取行為，其中蘊涵著其挑戰地緣政治和文化命運的智慧。從政治方面來說，正因為其能對大陸王朝持「事大之禮」，才能保持自己的安全和獨立，並與大陸王朝保持善鄰友好關係；從文化方面來說，也正因為其能對大陸王朝持「事大之禮」，才能接受中國傳統的價值觀念，從中國大陸大量吸收先進的漢文化，以此提高自己的民族文化水準，提高自己在東亞漢文化圈中的地位，提高在傳統東亞國際秩序中的地位，受到中國及周邊國家的重視和尊重，培養起文化上的自信心和優越感。

　　而在對大陸王朝持「事大之禮」的同時，朝鮮半島從來沒有放棄自主的努力，不僅在政治上是這樣，在文化上也是這樣。這構成了其挑戰地緣政治和文化命運的又一側面，也構成了其歷史上深藏不露的一股潛流。唯其因為這樣，所以朝鮮半島才能始終保持獨立自主，朝鮮民族才能始終保持其民族特性，朝鮮文化才能不被中國文化所同化。

　　無論是對大陸王朝持「事大之禮」也罷，抑是在內心深處保持自主意識也好，朝鮮半島對地緣政治和文化命運的挑戰，以及其挑戰地緣政治和文化命運的智慧，其實在在都和傳統的

東亞國際秩序有關，和這個國際秩序裡的中心中國有關。

在一定意義上，其對地緣政治和文化命運的挑戰，也就是對以中國為中心的東亞國際秩序的挑戰；其挑戰地緣政治和文化命運的智慧，也就是挑戰以中國為中心的東亞國際秩序的智慧。當然，正如我們在本書第一章中曾經說過的，「挑戰」原本是包含「利用」和「抵抗」這兩層意思在內的。

然而，從上個世紀下半葉開始，隨著傳統東亞國際秩序的崩潰，朝鮮半島與中國的關係也發生了根本變化。1895 年中、日簽訂《馬關條約》，其第一款即開宗明義，宣布中國與朝鮮半島的傳統宗屬關係自此以後徹底廢絕：「中國認明朝鮮國確為完質無缺之獨立自主國，故凡有虧損獨立自主體制，即如該國向中國所修貢獻典禮等，嗣後全行廢絕。」朝鮮半島之結束與中國的宗屬關係，乃是傳統東亞國際秩序全面崩潰中的重要一環。

自此以後，朝鮮半島雖然又復淪為日本的殖民地，但是其與中國的關係卻已徹底改變了。從這個意義上來說，中、日影響在朝鮮半島上的這一交替消長，也未必不可以看作是朝鮮半島徹底擺脫中國影響的一次良機，其對朝鮮半島歷史的影響是怎麼估計都不會過甚的。1945 年朝鮮半島光復以後，雖然又不幸隔斷為南北兩個國家，但是其整體上對中國的關係，應該說仍是中、日《馬關條約》以來的延續，即不再與中國有任何不平等的宗屬關係。

由於中國與朝鮮半島關係的這一歷史性改變，因此朝鮮半島的地緣政治和文化命運，以及對地緣政治和文化命運的挑戰，以及挑戰地緣政治和文化命運的智慧，其內含也都發生了根本性的變化。

簡言之，中國已不再是對其命運有影響的幾乎唯一的國家，而是形成了若干個這樣的國家中的一個；中國對朝鮮半島的影響力和重要性都已大為降低，而與美國、日本和俄國等亞太地區的強國分庭抗禮。與此同時，朝鮮半島一方面不必與任何強國保持宗屬關係，但同時都要與所有這些強國打交道和搞平衡。這形成了其新的地緣政治和文化命運，因而要求其傳統的挑戰智慧作出新的發揮。

　　隨著中國與朝鮮半島近代式關係的確立，朝鮮半島必然會重新估價其對中國的立場，並在所有那些受過中國影響的領域中，進行徹底的檢查、調整和重構工作。對中國的傳統「事大之禮」將會受到否定或否認，而抵抗和自主的潛流將會被看作是主流；對中國文化的學習和吸收將會被淡化，而民族文化中的自主因素將會受到強調；來自中國的積極影響將會被儘量縮小，而來自中國的消極影響則將會被儘量誇大；與中國的相似之處將會被儘量少提，而與中國的不同之處則將會被儘量多提；等等。

　　這當然也可看作是朝鮮半島對中國傳統挑戰的延續，但是在其背後的價值觀卻顯然已有了本質的不同。朝鮮半島必然會一邊建設其新的獨立自主的民族文化，一邊從現在的立場和觀念出發，重新解釋和建構歷史。

　　日本自明治維新時期開始，拋棄了傳統的中國文化，而轉向近代的西洋文化，走上近代化的道路。在明治維新的高潮中，福澤渝吉於 1885 年發表其《脫亞論》，主張中國文化已經落後，中國「天下」已經崩潰，而應轉向西洋文化，建立亞洲的新秩序。這篇文章發表當時固為石破天驚之論，即在現在

也還一直引起亞洲國家的不滿，但是其基本精神卻不容否認，那就是宣告傳統的東亞國際秩序已經崩潰，可以看作是一份東亞各國自中國獨立的宣言書。

在這個意義上，所謂的「脫亞論」，實質上乃是「脫中論」。儘管後來他們「脫」得太離譜，想要用殖民主義新法來走中國的老路，以他們為亞洲的中心，建設什麼「大東亞共榮圈」，因而遭到了反對和失敗；可是福澤渝吉所主張的「脫亞」或「脫中」，其實卻仍然為近代東亞各國所普遍接受。並成了近代東亞史的主要潮流之一。

對於朝鮮半島來說，「脫亞」或「脫中」亦同樣具有深義，亦同樣成了朝鮮半島近代史的主流之一。他們先是依依不捨，然後又是興高采烈地拋棄了中國文化，轉向了西方文化。在日本殖民統治時期，是日本用日本式的西洋文化強制朝鮮半島「脫亞」或「脫中」，擺脫幾千年來中國文化的影響；而在朝鮮半島光復以後，以美國為代表的西洋文化又直接促成了韓國的「脫亞」或「脫中」，進一步走上西方化的道路。這個「脫亞」或「脫中」的過程本身，可以看作是朝鮮半島挑戰地緣政治和文化命運的傳統智慧在新的世界形勢下一種新的發揮。

東亞國際秩序的變動與「觀念上的分歧」

延續幾千年傳統的東亞國際秩序，以及它在近代的「禮崩樂壞」，還有新型東亞國際秩序的建立，這一切對中國人的觀

念、中國與朝鮮半島的關係，又有些什麼樣的潛在影響呢？

如上所述，在傳統的東亞國際秩序中，中國一直認為自己即是「天下」，或者是「天下」的中心，周邊各國則是「蠻夷」，必須向中國朝貢，以示臣服，中國則視它們為藩屬，予以安撫。換句話說，中國與周邊國家的關係是一種宗藩性的關係，而不是平等性的關係。由此而造成的中國人的觀念也是自認為老子天下第一，看不起周邊國家和民族。這在中國周邊國家中有一個流行的說法，那就是中國人的「中華思想」。這是他們所非常討厭的觀點。

進入近代以後，隨著傳統東亞國際秩序的崩潰，中國已失去原先在東亞的領導地位，不再能維持和周邊國家的宗藩關係，自己也淪為東西列強的半殖民地，與其地先的藩屬國家命運相差無幾。中國人遂改變了原先的「天下」觀念，以及自己為「天下」之中心的觀念，而開始具有「亞洲」意識和「世界」意識，具有亞洲和世界中之一員的意識。隨後在民族解放的世界潮流中，中國又和各周邊國家一起，相繼擺脫了東西列強的殖民或半殖民統治，贏得民族的解放和獨立；並在這一新的基礎上，建立了新型平等的東亞國際秩序。

然而，中國人傳統的世界觀念，或者說其傳統的「中華思想」，卻並未在這短短的一百多年中全部消失，還在一定程度上繼續存在，並在各種場合繼續表現出來。與此同時，對於東亞國際秩序的這一巨變，以及中國在其中所扮演的角色之變遷，中國在周邊國家心目中形象的變遷，也並不是所有人都能充分認識。於是在中國和周邊國家的人民之間便經常因此而產生「觀念上的分歧」。在現代中國人的朝鮮半島觀中，也時常

可以看到這方面的問題。

比如對於歷史上中國與朝鮮半島之間的宗藩關係，不能認識到其對於中國和朝鮮半島的不同意義，以及其早已過時並被「拋進歷史的垃圾箱」，卻還要常常提起並自加讚美，視為中國與朝鮮半島「友好」關係的象徵。「在 1895 年六月以前，名義上朝鮮雖為中國的舊邦，但中國對朝鮮卻從無領土野心，更無經濟上之榨取。」❼「孔子的政治哲學一向是遵循輕利重義、抑強扶弱、和平睦鄰的王道政治。所以自西漢以來，對中國近鄰諸國，大都助其獨立，各依其國情民俗，發展其文化之所長，從未有經濟的剝削或政治軍事的控制；中國不過保持名義上的宗主權，厚往而薄來。」❽這種對傳統東亞國際秩序的自我讚美論，對中國過去宗主國角色的自我讚美論，似於今日朝鮮半島之感覺全然懵懂無知。

又如對歷史上中國與朝鮮半島之間的密切聯繫，尤其是中國文化對朝鮮半島的影響，明朝軍隊對朝鮮王朝的幫助，等等，很多中國人認為這是一些合適的話題，可以用來拉近今日雙方之間的感情距離，以示雙方的關係比別的國家更為友好、親密。

殊不知，所有這些固然都是歷史事實，但卻因與歷史上的宗屬關係有關，且不免暗含誇耀中國文化的意思，而為業已完

---

❼ 蕭錚：《中國協助韓國光復史略》，載王大任、林秋山主編：《中韓文化論集》第五輯，中華學術院韓國研究所，一九八五年，台北，第二頁。

❽ 張其昀：《孔子學說對韓國及東方諸國的貢獻》，載王大任、林秋山主編：《中韓文化論集》第四輯，中華學術院韓國研究所，一九七八年，台北，第四頁。

成了「脫亞」或「脫中」的轉變，正在重建民族文化自主性的彼方所不樂意再提起或聽到的。這樣的話題不唯不能引起共鳴或親密之感，反而容易引起猜疑或警惕心理。

再如對東亞近代史的認識，中國和朝鮮半島也並不一致。對中國來說，一部近代史不僅是其遭到東西列強侵略的歷史，也是其失落東亞宗主權的歷史；但是對朝鮮半島來說，一部近代史則不僅也是其遭到受東西列強侵略的歷史，而且也是其擺脫中國的宗藩關係的歷史，因此對於近代史上具體問題的認識，雙方也自然不會完全一致。

比如關於中日甲文戰爭的爆發，以及中日《馬關條約》的簽訂，中國也許認為這是中國乃至東亞，在日本列強面前的一大失敗；但是朝鮮半島的觀點卻認為，這是清朝和日本兩大列強對朝鮮半島的爭奪和勢力的消長，清朝與日本不過是半斤八兩。因此如下這種說法便也顯得不著邊際了：「遠在十九世紀袁世凱抵達漢城以前，朝鮮便已成為日俄兩國角逐之所，其中尤以日本最為凶狠。」❾

中國在近代已積弱難返並到處挨打，但是在朝鮮半島的眼裡卻仍是「列強」之一，是不能從爭奪對它的控制權的各列強中自我撤開的。這或許也正是「觀念上的分歧」之一例吧！

「觀念上的分歧」也在中國和其他周邊國家之間發生，比

---

❾ 蕭錚：《中國協助韓國光復史略》，載王大任、林秋山主編：《中韓文化論集》第五輯，中華學術院韓國研究所，一九八五年，台北，第二頁。

如在中國和東南亞各國之間。❿

　　當然，造成「觀念上的分歧」的原因相當複雜，其中有其他國家對中國認識的不足：或者不能實事求是地看待歷史，在回顧歷史時過於依賴現代的價值觀念；或者因為過去存在過傳統的東亞國際秩序，因而對現代中國的任何作為都過於敏感；等等。

　　但是相反地，對於傳統東亞國際秩序所留下的歷史遺產，對於傳統東亞國際秩序崩潰後所造成的價值觀的斷裂，對於中國周邊各國對中國的複雜感受，我們自己也要認識得更充分些才行。這樣才有助於加深對於中國與它們之間現實關係的理解，也才有助於在新的形勢下更好地互相溝通和合作。

　　對於中國與朝鮮半島之間的現實關係，我們也可以說幾乎完全相同的話。如果雙方之間始終存在「觀念上的分歧」，則勢將影響到彼此之間的現實關係及其在未來的發展。為了消除已經和可能存在的「觀念上的分歧」，從我們這方面來說，就必須更深入地了解朝鮮半島的歷史與現狀，就必須更密切地關注朝鮮半島方面的看法和感受。朝鮮半島了解中國的看法和感受，而中國不甚了解朝鮮半島的看法和感受這個局面，無疑也是傳統東亞國際秩序的歷史遺產之一，在今天，無論如何也必須結束了。

　　朝鮮半島的地緣政治和文化命運，以及其挑戰自己的地緣政治和文化命運的智慧，在相當程度上與中國有關，因此若要

---

❿　參見余振：《中國對東盟安全的策略：觀念及政策的相互關係》，載鄭宇碩編：《中國與亞洲》，香港商務印書館，一九九〇年，第六十七～九十八頁。

了解其命運和挑戰的智慧，就要先了解其與中國的歷史和現實關係；而反之，若了解其與中國的歷史和現實關係，也自應了解其命運及挑戰的智慧；這兩者原本是相輔相成的。

　　如果在揭示朝鮮半島的命運及其挑戰的智慧之外，本書也能有助於增加讀者對於其和中國歷史和現實關係的認識，則是我們的至幸，亦為我們的至願。

〈全書終〉

國家圖書館出版品預行編目資料

韓國的智慧：地緣文化的命運與挑戰，邵毅平 著 --
初版 -- 新北市：新視野 New Vision, 2019.08
　　面；　公分 --
　　ISBN　978-986-97840-1-6（平裝）
1. 文化　2. 韓國

732.3　　　　　　　　　　　　　　　108008592

韓國的智慧

邵毅平　著

主　　編　顧曉鳴
企　　劃　林郁工作室
出　　版　新視野 New Vision
責　　編　林郁、周向潮
　　　　　電話：(02) 8666-5711
　　　　　傳真：(02) 8666-5833
　　　　　E-mail：service@xcsbook.com.tw

印前作業　菩薩蠻數位文化有限公司
印　　刷　福霖印刷有限公司

總 經 銷　聯合發行股份有限公司
　　　　　新北市新店區寶橋路 235 巷 6 弄 6 號 2F
　　　　　電話 02-2917-8022
　　　　　傳真 02-2915-6275

初　　版　2019 年 09 月